反服貿
救台

攝影師：黃靜嫻 Sharon Huang

革命
就是義務!

人渣文本的政治倫理學

周偉航　著

人渣文本

倫理的翻譯

紀大偉　國立政治大學台灣文學研究所助理教授

西方世界在古時候有一種職業叫「小手冊作家」（pamphleteer），跟「作家」不同。小手冊作家的工作就是寫「小手冊」（pamphlet），比書本粗糙短小，是在傳播媒體發達之前用來推銷個人理念的工具。許多作家同時也是小手冊作家，藉著小手冊對社會發表意見。我常覺得網路時代的部落格（或是其他形式的發言台，如FB粉絲頁、推特等等）就是小手冊的投胎轉世。在台灣的知名部落格中，「人渣文本」是我經常留意的「小手冊」之一，不只是因為它對於政治界和教育界夠酸夠嗆，更因為它持續進行「哲學的翻譯」：把眾人誤以為鎖在象牙塔內的哲學，「翻譯」給緊抓社會脈動的網路讀眾。

「人渣文本」的焦點放在西方哲學內的「倫理學」。長久以來，國內和西方的讀者（含學者）常誤以為倫理學以及「道德哲學」就是封建道德的推手。在台灣也暢銷的哈佛大學明星教授桑德（Michael J. Sandel），以《正義》（Justice: What's the Right Thing to Do?）著稱，其實正是倫理學的推廣者；我經常推薦《正義》，但也惋嘆入世的《正義》畢竟入美國的世，跟台灣關係有限。幸好，顯然也受桑德爾影響的人渣文本，證明了台灣政局和太陽花學運也大可以是倫理學的大教室。

我說人渣文本在進行翻譯，倒不是說它只將洋人的東西引介到台灣，而是要指出：翻譯也大可以創生眾聲喧嘩的棋盤。我不但關心「人渣」，更在乎「文本」的躁動。在翻譯之前，眾聲並沒有在棋盤上找到各自的位置，往往糾結在一起化為白色噪音。人渣文本並不是要教人大是大非（這樣的是、非都只是單數的），而是列出多種「是的立場」、多種「非的立場」的座標。雖然我不盡然同意人渣文本的每一次發言，但我珍惜它打開的哲學教室。

推薦序2

照亮人文洞窟的火把

朱宥勳 作家

長久以來，人文知識很容易被大眾忽視，因為它研究的就是我們每天日常生活如何運作、為什麼那樣運作——每個人都覺得自己在過生活，所以每個人都覺得自己很懂人文。然而，閱讀《人渣文本的政治倫理學》這樣優秀的「人文科普」著作，我們就會真切感受到一種專屬於人文學科的、「真的懂了」的快感。那些流暢的渣式語言看似沒有任何深難概念，卻是一條精準的絲線，串起我們每天在各種媒體上看到的紛亂事件，彷彿在我們的腦中丟入一束火把，瞬間照亮模糊無光的洞窟：「啊，原來事情不是這樣，而是……！」在知識上卓有成就的學者很多，擁有一支使人讀來愉悅之筆的寫作者也不少。但我們這個時代，最需要的或許正是這樣一種兩者兼備的人渣，從學院之牆的那邊盜來精純之火，準備燎燒一整個世代的人心。

推薦序3

一本具娛樂和啓蒙價值的「政普」書籍

吳崢　318學運參與者

從高中時開始，我便習慣在網路上搜尋各式各樣的部落格：政治、經濟學、法律、哲學等等，透過閱讀他人的分析與論述來充實自己的思路，這是我當時的一大興趣，網路逐漸取代傳統媒體成為我主要的資訊來源，不同立場的文章間的取捨與思辯也間接幫助了我形塑自己的價值體系。上了大學之後，這個習慣依然沒有改變，差別只在於接觸到越來越多的資訊平台，如PTT和後來崛起的Facebook，隨著可以觸及到的言論不斷增長加上網路討論的風氣日盛，每個人對於時事都有自己的一套見解，要在廣大的文章中篩選出有價值的閱讀材料也是一個必然的挑戰，形形色色的部落客中，不同的寫手有不同的風格，依據每個人的學經歷、生命背景的不同，關注的議題和價值觀也各有特色，在某個時間點，百家爭鳴的部落格之海中我發現了人渣文本這個地方，一開始只覺得這名字挺有趣的，但是後來發現他寫的東西也蠻有趣的。

如果要說對於周偉航寫的文章的第一印象，那大概就是很靠北，但是是我喜歡的那種。文章要寫的有內容有深度不難，很多人都辦得到，但是寫的幽默而不落低俗就沒那麼容易，人渣文本剛好落在一個靠北的很幽默的象限裡，深得我心。

其中一個我覺得特別有趣的地方，在於他的筆鋒常在矛盾中，或是說互相對立的二元之間取得了一個微妙的平衡，因為曾經從事過政治工作，但同時現在也是大學學術圈中的教師，所以他談起政治或時事時，既能認真的由理論（政治哲學、倫理學）去切入分析、解構一些不容易被說清的概念，也可以從很實務的角度去描述一些一般人無從得知的面向；待過國民黨也待過民進黨的經驗也讓他能橫跨藍綠間去談各自的政治生態和之間的比對，不會被既定的框架限制住或流於外圍的喊打喊殺；他的年齡剛好也處在台灣目前衝突較為明顯的中老年世代與青少年世代之間，讓他能各自接觸這兩個截然不同的族群，觀察到世代間的差異，以上這些對立的內容有時被他以較為嚴肅的理論剖析，有時則是以我們很熟悉的鄉民語言來呈現，如果是後者那通常很酸，同樣酸的夠靠北，酸的我喜歡。

本書的後半段恰巧是在談318學運，許多是當時在網路上發布的，那時我人在立法院裡忙於運動，沒有機會看到這些文章，現在事後來看，這些對當時台灣社會和318學運的分析，和我們人在其中觀察的角度不盡相同，但的確精準的呈現出了一些運動中不易被大眾關注到的面向和爭議點，回頭來看格外有趣。

總結來說，這是一本相當具娛樂性和啟蒙價值的泛政治讀物，或者可以稱之為一本優秀的「政普」書籍，相信大家在閱讀過程中也能享受到我所體驗的樂趣，一起來進入人渣的思考領域吧！

人渣文本

前言、人渣的政治

我的部落格名為「人渣文本」，很多人追問這到底是什麼意思。這名稱有深刻且祕密的意涵，但也可以憑表面文字來解讀，就當是它是人渣談人渣的文章總集吧。

臺灣商務印書館邀請我挑選其中的文章纂集成冊，我認為政治類的部份相對較受歡迎，所以挑選一些還算滿意的作品來交卷。所以這不是本嚴謹的政治哲學或倫理學著作，是以嘲諷反串文字搭配輕鬆的批判所組成的時論集。

雖然如此，本書仍充分表明了我對政治議題的某些立場。第一，我認為政治沒有那麼難懂，不需要搞得很深奧、很多專有名詞、很嘿嘿嘿。找到自己熟悉的切入角度，你就可以解讀和參與政治。我希望藉由我過去在選舉和政治圈中所學，來引領讀者從不同角度切入政治現象。

許多學者習慣運用政治學理論與名詞去框架一個政治事件，但我認為這些學術知識對一般讀者是閱讀障礙。基於過去我在政府與百姓之間居中溝通的經驗，我將採用最「親切」

的用詞，應該可讓讀者看到不同角度的政治。

第二，輕鬆的文字並不代表我打算放棄在書中「置入」一些專業倫理與政治哲學知識。在學術上，我自認是個社群主義者（Communitarianism），在政治倫理學的立場上接近麥金泰（A. MacIntyre）的新亞里斯多德主義，我在書中會反覆闡述其理論概要。我提到「內在善」與「外在善」這組概念十次以上，可說一把寶劍用到老。

第三，我認為「台灣人」是擁有特殊價值體系的獨立社群，正以驚人的速度發展並建立自身的價值觀。在這發展的過程中，許多老舊的「制度」會開始出現衰敗，包括現有的外在價值（錢）的分配體系也會因之當機，政治的衝突就由中發生。你拿別的國家來類比台灣，都會存在一些不夠貼近實情的問題。台灣就是台灣。

本書所收錄的文章，原撰寫時間落在二〇一三年九月至二〇一四年六月之間，正好是大學中的「一〇二學年度」。在這一個學年中，政治上發生了從馬王政爭到太陽花學運的一連串激烈衝突，至今仍餘波蕩漾。為了讓讀者能整合性的理解這些主題殊異的文字，我有以下的提示。

首先，政治結構的崩解不是突然發生，馬王政爭來自更久遠的國民黨內派系爭鬥，而太陽花學運能迅速擴大，也與洪仲丘案的影響有關。本書為篇幅考量截去這些脈絡，但請讀者不要忽略其存在。此外，這一年的政治衝突與台灣緊繃的經濟局面不可分離，也貼合「代間分配不正義」的問題。如果忽略了這種大社會的背景，誤以為這一切是發生在太平盛世的「平地一聲雷」，就無法對事件有較完整的掌握。

再者，講到倫理學，許多人常誤以為學者有標準答案，但學者也只是「知道倫理學沒有標準答案的人」。一個更卓越或更良善的道德標準，需要經過溝通或辯證的過程，而不是由社會賢達出來一鎚定音。本書的觀點只代表我認為較卓越的思考角度，但不代表是最終的標準答案。我本人歡迎各種質疑與挑戰。

正如一學年區分為兩學期，本書區分為兩部，分別是說明馬王政爭之後一系列政治波折的第一部，以及探討太陽花學運的第二部。每一部又各有五章，各章首均明示分章梗要。需要補充說明的是，這些文章雖然選自我的公開發表內容，但因應時空狀況調整部分內容後，已與原貌多有差異。原本即廣受歡迎的文章，我盡量不予修改；而內容明顯有所缺漏，深度不足的篇章，我則做了較大規模的補足。在不破壞原有文章脈絡的狀況下，為了充實理論層面上的不足，我也視情況在各文章後面加上獨立的「後語」，以做為簡單的補充。

目次

人渣文本

人渣文本

人渣文本

Ninjia Text

第一部

從馬王政爭開始

壹 馬王開戰

馬王之間的不愉快，肇生自兩人二〇〇五年的黨主席選舉。兩人之間的衝突擴大，則和馬英九出任總統後遲遲無法有效掌控立院有關。王金平對於如何協調與解決立院衝突有其堅持，而馬英九對於「多數民主」又有其主張，兩人之間的碰撞難免。

我對於王金平與其身邊的人馬完全沒有任何接觸管道，但推敲他就是傳統的地方派系政治人物類型。對於馬英九這一側，則因為過去工作的關係，知道不少其中情狀。馬英九「贏了就要全拿」的剛硬個性，讓他遲早會撞上王金平這堵軟軟的牆。

一、為何多數人覺得馬英九做錯了

二〇一三年九月六日，檢察總長黃世銘召開記者會，揭發立法院長王金平涉嫌為民進黨立院總召柯建銘關說司法一案。一般認定這是經由總統等少數國民黨高層所策畫發動的政爭，意圖將王金平從立法院長的位置拉下。九月十一日，國民黨開除王金平黨籍，王金平的立委資格隨時可能被取消，但在九月十三日，法院裁定王方所提出的假處分，暫時保住王金平的院長寶座。

馬王大戰至此告一段落，在第一回合中，王金平險中獲勝，而多數的台灣人認為馬英九做錯了（依民調看，大約有六成）。當然還是有認為馬英九做得對的人，但那很少（約一成五到兩成）。

這樣的狀況非常有趣，因為馬英九訴求的是「規範倫理學」（你可以把這當成學院派觀點）上的道德正當性，但他卻成為「描述倫理學」（你可以把這當成大眾派或市場派觀點）中道德的失敗者。那為何多數人會覺得馬英九做錯了？以下就來分析這些由社會大眾所提出的批判看法。

壓案不發

馬英九早就知道這事，但拖了快一週，直到王金平向他告假出國，飛機起飛後才出手。這有手段上的道德問題。如果真的是大是大非，踩到道德底線，那為什麼要拖這麼久？應該立刻法辦、立刻移送呀，拖了就是壓案，當然就有錯。

雖然大家也都知道，他之所以壓案，是王金平能力不凡、勢力龐大，不等待時機出手，不可能拉下王。所以不照應有的程序來走，是種策略上的正確。但策略上的正確，不代表道德上的正確。就算你是為了「正義」的目的，不代表你可以採取不正義的手段。有些人說馬英九是為了「實質正義」，而不採「程序正義」，我不太認同這種說法。在倫理學上，程序和實質能夠分開嗎？

警察為了追捕逃犯，不惜破壞犯人逃入的民宅大門。因為是追捕上的需求而破門，所以我們不會認為警察有私闖民宅的問題。但警察還是有道德上的進一步責任，事後仍應該向民宅的主人致意，並賠償其損失。這代表在道德上，破壞大門侵入他人住宅仍是有錯，只是法律不罰。你有正確的目的，不能以加減乘除的方式來「扣抵」你負面的行為手段。因此我們不可能接受警察說：「唉呀我是因公破門哦！所以你就當為國犧牲吧！掰掰。」

若是警方真有這種態度，屋主反而會更加火大。程序正義與實質正義或許是從法學或政治學借過來的概念，並非不能用在倫理學，自由主義者就用得很爽，但在道德上要區分這兩者，我認為必須非常的小心。

回到馬英九的問題，他拖延送件，不以公開方式行之，就算有自認正當的目的性，他的行為仍是錯的。這是眾人認為馬在道德上的第一錯。

不給人自辯機會

馬之所以拖，拖到王出國，顯然就是要王無法或難以回應。偷襲就算了，還不讓人講話，不讓人澄清事實，一路打下來只是要致人於死。這在講求公平對等溝通的政治場域，依照其「專業倫理」，已先失分。

許多人會定調這是政爭、鬥爭，是因為馬的手法就是讓王無法有效反應，一方面當事人不在國內，就算有千軍萬馬，也無法操盤、做策略，另外一方面是讓王缺少完整的資訊與媒體環境，也就沒有對等的發言機會。如果這是一個可以討論，也值得討論的政治或公共議題，那讓雙方各陳己見，讓全民公審，以民意為依歸，也是個解決辦法。馬陣營

人渣文本

之後也不斷的提到「民眾相信嗎？」「對民眾負責」等等的訴諸公決態勢，其實也代表了這種心態。

不過在王回來之前，馬就猛開記者會將之定調為關說，在讓王依程序陳詞之前，就火速要求要黨紀處分。還沒有公開討論，就有公開結論，這在政治倫理上有錯嗎？當然有錯，因為這是公共事務，你又想引公議，又不想讓對方參與，裝成要公決，但實際上是密室鬥爭，這當然是錯的。這是馬英九的第二錯。

趁人家嫁女兒

再者是趁人家嫁女兒時開炮。馬英九自己管不住女兒，女兒想嫁就嫁，加上外省家庭習慣在婚喪事上從簡，其婚禮儀式在符號意義與價值上，比起台灣其他家庭要來得淡，因此他可能認為這不是多大的事。馬英九自己的婚禮也很簡單。但對其他台灣人來講，有營辦、參與過嫁娶活動的人，或是期待海島沙灘婚禮的少淑女來說，這種「喜事棚上澆大便」的作法，就有點刺到敏感神經了。馬英九可能不太懂，但多數台灣人「懂」，知道這樣是「大忌」，而且這種偷襲抄家，又比去婚禮鬧場還嚴重。

有個網路鄉民推文：「他就這樣毀了一個女人期待的婚禮」，短短一言，力過千鈞。就算你有多少的「實質正義」，不能抵銷你在這事上的錯。這是馬英九的第三錯。

「馬的底線」不見得是所有人的底線

馬英九一直訴諸王金平的作法破壞了憲政五權分立等一狗票政治法律原則，這是他不能退讓的道德底線。馬方其他發言管道也一直傳出這種看法，說什麼「這是總統的堅持」。可是，「你」的底線，關「我」屁事？你的底線又不見得是所有人的底線。

馬英九在這邊採用了「共同理性」預設，也就是假設人的理性基本上一致，價值觀也應該會一致，所以我覺得「是」道德底線的東西，你應該也會覺得「是」。但「共同理性」這概念是種信仰，沒有什麼證據可以說我的理性與你的理性相同。社群主義者認為，不同社群可能會有不同的理性基礎，各有各的真理與底線，而且彼此無法區分出高下。

我可以用個簡單的反思，來證明馬英九的底線並不是「大家」的底線。當多數人都對馬英九為什麼這麼生氣感到疑惑時，馬方是用「這是馬總統的道德底線」來回應大家的疑惑：這就代表社會多數人的道德底線不是這種關說行為，否則就不需要解釋。

像某人看到連續強姦殺人犯而非常生氣，我們多數人都不會產生「他為什麼要這麼生氣」的疑惑，因為連續強姦殺人的行為已經超過我們多數人的道德底線。馬英九的論述因此就站不住腳，他必須先證明他的底線就是全國民眾應該有也必然有的底線，如果證明不出來，這就是他第四個錯。他的行為看來就像公園籃球阿伯一樣，動不動就「打手！」「走步！」「踩到底線了！」但在其他球友看來，只是個大驚小怪的老屁孩。

比例不對

此外，他的底線似乎有某種飄浮性。許多關說都牽涉到行政權、立法權與司法權之間的不正互動。張通榮的案子有這個味道（但不完全是），賴素如的案子是，還有其他一大堆的國民黨員的案子都是，但他卻沒啥等比例的反應。這點已經有很多人嘲諷了，但我認為這種雙重標準是不是道德錯誤，還要先看到比例原則到底是什麼。

法學上有比例原則，倫理學上也有。倫理學家也會看事情輕重來給予不同的道德評價，而且其對於比例的評估可以不鳥法學上的見解。

王金平的這個案子，是柯建銘的一個小案，而柯打贏了官司，檢察官可能還要上訴，柯去拜託王，王就幫他去喬一下，後來果然沒有上訴。

上面這個案情描述是假設王一定有具體的個案關說，但實際上的證據還沒辦法證成這樣的結論。為了討論方便，依「施惠原則」（施惠給馬方），我必須以對馬英九最有利的前提來展開論證。我要推論，即使是對他最有利的前提，也還是會導出對他不利的結論。

怎麼說呢？只要「其他可能性」無法排除，就無法形成有效論證。府方一直強調這是「成功的關說」，但他們卻沒有辦法證明檢察官最後的不上訴決定，「百分之百」是來自於從柯、王、曾一路到檢察長的犯意連結。

說不定檢察官本來真的接受關說，後來良心發現不想接受關說，然後又看了案子文件，才發現真的無法上訴。那這要怎麼算？都還不能完全確定，連個內部調查都還不夠完整，你就大刀出手，顯然不成比例。而且在每一傳話層級，「被關說者」也可能是對「關說者」虛應故事，亂唬爛答應，之後沒有認真講。這也是王金平現在的辯解策略，他說自己只是「練嘯威」，講通案。

說點別的，我以前在政治圈，也關說或被關說過，送往迎來，會認真去講的，實在是很少，大多數只是虛應故事。

所以王的說法對很多「圈內人」來說，很有說服力，因為這案子很小，根本不用太認真。馬英九當然可以不接受這種說法，他沒待過一天基層，沒當過一天民代，哪會懂這種事。由這種觀點出發，馬英九的反應比例就更不對了，因為這在「關說業界」看來很可能真的是小事。此外，現在這個案子看來應該不會進法院刑庭，這是因為刑法根本就沒有對這類行為有明確的規定，所以馬方只能發送監院等單位進行行政調查，講說這是「行政不法」。

這就弱掉了。依比例原則，這或許代表此案是道德上相對不重要的事。通常，重要的道德主題會被列為法律，法律上沒辦法管的，多數代表是小事，有時候是技術上管不到的事，不然就是立法漏洞。這種關說例子，自有中華民國以來，應該很多，過去不管，也沒有立這個法，應該不是技術上管不到，也不見得是馬方堅持的立法漏洞，而是歷來立法者可能都認為這是小事，因為其中沒有錢的交易，只是講一講。

我們把格局拉大來看，把許多案子併陳，現在出事的大關說案，包括台中某監獄的那個農夫，林益世、賴素如等，都有收錢的部分，而且案子相關的利益很高。而柯的這個案子，

人渣文本

利益很小（就算輸了也只易科十幾萬罰金），也沒有金錢交易，實在差太多。

馬方如果硬要說這在比例原則上很重要，那除了案子的實際利益外，也要告訴我們到底還有什麼其他部分很重要。他們選擇進入上述的「踩到底線」迴圈，以「非量化價值」（就是不能用錢買到的東西）來強調這個案子很重要，會破壞國體。

但如前所述，這個「踩到底線論證」是有問題的。因此在比例上，事因不大，但他的手段明顯過於強烈，造成結果也非常嚴重，超過了倫理上的合理比例原則（要注意，不是法學的比例原則），因此我認為這是馬英九在道德上的第五個錯誤。

自己上場態度不佳

大家可以回想興票案。那是誰出來打的呢？

我相信九成五的民眾都要google才會想起是誰開第一槍的。這代表什麼？這種重要攻擊不能洩密，李登輝居然找個無名立委，代表他的戰鬥團隊很大，可以把重要的攻擊發起交給團隊中的邊角人物。但馬英九要砍王金平，連曾永權都不敢事前通知，這代表他的戰鬥團隊小到可憐，因此他只能自己上場，外加特偵組和府方發言人，鐵三角戰到底。

為什麼主事者不應該自己上場？因為可能無意間會把自己的真實意向曝在鏡頭前。馬英九就出了這個問題。如果他能語氣和緩，態度堅定包容的講，那還好，亮個相不會對自己有太大的殺傷力。

但他鏡頭前的樣子，有如各大事件經常上鏡代言的那位地堡中的希特勒，大呼小叫，活像要逼死人，又哭又罵，不知精神還正不正常。就算你有一千萬個道理，鏡頭前表現不好，人家只記得你目露兇光，不會記得你的理。別忘了，態度謙和溫文，在我們的社會中也是一種德行。因此這算是他在道德上犯的第六個錯。

我就先歸結出他的這幾個倫理錯誤。我不是四字魔人（標題不湊四字對聯就像會死掉一樣），因此這六點看來長短不一，用詞難度也有點不太整齊。但我已盡可能淺白，能不用倫理學術語就不用，希望讀者不論老少，都能看懂。最後補充，這六點可以整合為一點：不仁。

我這輩子第一份工作，是在馬身邊提包包、訂便當的，帶我出道的幾個師父，都是他征戰四方的第一批謀臣。早在馬聲勢大起之前，他們就已看出「此人不仁」，對他人沒有同理心、同情心。但那時講，是不會有人信的。

馬英九的倫理主張有點康德式義務論的味道：堅持原則、重視共同理性，強調道德規則本身的崇高與尊嚴。但他行為上卻比較傾向目的論，像是為了達成目標越來越不擇手段，認為自身價值高點也會是社會最終目的等等。如果加上一些排除條件（不重視效益分析等），我認為他的道德光譜會落在「利己主義」這個流派之中。這是種說起來有點道理，但深思起來，會發現其中問題重重的少數派倫理學主張。

而在上述的第一回合後，馬英九在接下官司遇到一連串挫敗。這戰術與戰略上的錯誤，可以說是接下來政治混亂的開端。他對於立院的掌控更加薄弱，統治集團的圈圈也縮得更小，裡頭僅存一些近暱型的人物，根本不能成事。如果時光可以倒流，我認為馬英九不會再以這樣的方式來發動政治鬥爭。但時間不可能倒流，歷史不會重來，無能者的行事水準，就真的只到這種程度而已。

後語

此文的原作在網路上廣獲轉載，但也引來一些專業哲學研究者的批評，認為這不是傳統倫理學。

我的回應可簡單歸結於下：

這文章是以白話口吻所進行的描述倫理學分析，我並不打算告訴讀者「為什麼馬英九是錯的」（這是規範倫理學），我想談的是「為什麼大多數人覺得馬英九做錯了」。

這兩者有很細微的差異，而我傾向認為回答後一個問題，才是有意義的政治倫理探究。

人渣文本

二、只要沒犯法，就不用怕監聽

二〇一三年九月二十七日，立委管碧玲取得特偵組的監聽資料，發現特偵組曾在五、六月份監聽立院總機，引起軒然大波。相對來說，府院方也傳出說法，表示如果沒做壞事，就不用怕監聽。這種說法當然無法說服眾人，也引發是否要廢除特偵組的爭議。

監聽是種刑事偵察手段。因為曾隸屬特殊單位，我也被告知將在離職後會被相關單位監聽。就算我可以坦蕩蕩的接受這種側錄，但與我通話的另一方，可能就不會那麼開心了。監聽是如非必要否則不應採用的一種手段，也不是所有人都該理所當然的接受這種對待。

我們還是要來看一下描述倫理學角度的分析。除了馬英九，尚有不少人主張：「只要沒犯法，就不用怕監聽。」我相信也有許多讀者認為這種說法怪怪的。「只要沒犯法，就不用怕監聽」的講者原意應該是「只要沒犯法，就不用怕監聽會讓你被起訴或被判有罪。」這顯然只限於法律範圍，但對一般台灣人來說，「怕」不只有「法律上的怕」，還有「倫理上的擔憂」。

例如，請你想像某位政治人物的女兒嫁到國外去，因丈夫生猛有勁（咦？）有點吃不消，而打越洋電話回家向老母抱怨，並尋求母親的建議。這政治人物家中的電話正因為其他法律案件或政治因素被監聽。或許當事人不用擔心她女兒的電話「會害任何家人被起訴或被判有罪」，但他全家人鐵定都會對上述母女談話內容被監聽，而感到相當不爽。

雖然辯方可以指稱這些無關主旨的監聽經確認後會被刪除，但這也代表至少有一位與此家庭無關的人聽到上述對話，這就足以造成「不悅」。實際上聽過（或看過），甚至「評價過」此譯文的人一定更多。我相信絕大多數的讀者也能體會這種不悅。就算是十二歲小女孩打給媽媽說「媽我到家了，我會自己先吃飯」的這番日常對話，若是事後得知曾被無關者合法監聽，也足以造成當事人的負面感受。

我們的不公開溝通，通常涉及我們與對方的特殊關係，我們透過這類關係差異來定義我們的價值體系：有些人處於我們生活世界的外圍，有些人居於核心，越近核心者，我們就越常與之進行私密溝通，這也代表兩者關係的價值較高或相對獨特。

一旦有耳朵入侵這種價值體系，甚至直達價值核心，就會對當事人造成嚴重的傷害。受到傷害的是種建構在信任感之上的「不可量化價值」，其損害無法以任何形式的金錢來賠償。

若要交換這種價值，只能用更重要的「不可量化價值」來取代（「大是大非？」），但這種更重要的價值又會是什麼？「國本」？憲政尊嚴？下次的總統提名？還是服貿？這顯然還有得吵。這也是法治國家對監聽設下重重限制的原因之一。所以就算沒犯罪，我相信多數人也怕被監聽。這種作法足以破壞你對他人的信任，而信任他人正是我們建構社會的基石。

後語

在政治哲學上，重視個人權益的自由主義者必然會反對大多數的監聽，頂多是在經多重確認與建構防弊機制，且在沒有其他更良善手段的狀況下，才能允許監聽。社群主義認為監聽的行為必須對社群整體有利才可進行，而且這種有利與否的判斷，也要以公開、可信任的過濾機制為之。

而台灣現行這種亂聽一通的機制，連聽錯號碼都還在硬拗（之後證實監聽立院完全是烏龍一場），不要說是自由主義，連社群主義者都會滿肚子火。大概只有極權主義者才會接受這種作法。

三、馬英九，道德自我沉迷的乩童

馬王政爭經過第一波的法院攻防，王金平保住了他的位子，而馬英九形象大壞，民調直接探底。但馬英九還是只顧著對王金平隔空喊話，所持理由和初期相同。這種行為被稱為「跳針」，只會播放同樣的一段內容。

窮寇莫追。王金平一路所展現的寬厚與包容，完全讓馬英九成為傻子。這也突顯馬英九從政路上從未遭遇真正打擊的潛在問題。他每選必贏，黨內也無人敢阻擋他（除了王），讓他產生自己真是無敵的錯覺。這種錯覺在最緊要的關頭害了他，他只找來兩三個近暱，就商定了大規模的政爭計畫。這當然會失敗，因為馬英九身邊的人，也只是搭他順風車一路爬到這個位子，本身沒什麼本事。等馬英九發覺大局已敗，他只能把爛戲硬演下去。沒台詞了，就重唸前面的台詞。

王金平不用多做些什麼，帶著和藹可親的爺爺笑容，就可以讓馬英九看起來完全是個笑話。政治功力的高下，就差在這類表現。也許這次的挫敗帶給馬極大的打擊，在眾叛親離下，他開始出現一些不太正常的言論。活像個乩童。

道德的自我沈迷

乩童，其實就是西方宗教研究界所稱的薩滿。他們藉助斷食、不眠、旋轉、舞蹈、肉體痛苦或是酒精藥物，讓自己進入一種昏迷或沉醉的狀況，並使自身得以成為天人之間的溝通管道。

很多人認為最近的馬英九瘋了，我之前也這樣認為，但我仔細想想，我認為他不是瘋了，而是透過道德的自我沉迷，進入一種起乩的狀態。（當然，你可以堅持乩童就是某種精神病患。）

「道德自我沉迷」是種負面的倫理學評價，原用以批判某些堅持特定道德規則的「義務論者」，像是強烈主張「不可欺騙他人」，連「善意的謊言」也不行的那些道德潔癖者。這些人甚至會為納粹指出無辜猶太小孩的藏匿地點。他們堅持不可說謊，就算不說謊會造成非常嚴重的損失，他們還是主張不可說謊。

他們認為，若是沒有這種道德堅持，只要破例小小說謊一次，之後就會越說越大條，一發不可收拾。所以最好的作法就是完全不說謊，沒有破例，就不會變差。批評者認為這種義務論者太過誇張，不切實際。但確實有許多人奉行這樣的準則，相信自己做得到，並且在某些向度上以表現這種堅持為榮。

比如說，因為理念而公開發言表達不會執行死刑，但因此被輿論認為不適任，而被逼下台的法務部長王清峰。她一下台，就一堆死刑犯被槍決。她覺得自己堅持正確的道德原則，所以不論結果如何，她都是對的；但她的離職，確實造成了許多原本可以苟活的死刑犯被「就地正法」。

某些「目的論者」會批判這只是執行了手段就覺得大功已成，其行動根本沒有產生想要的結果，甚至造成反效果，還在那自我沉迷，實在稱不上是正確的作法。如果你的目標是不殺人，那麼你就應該想辦法達成「沒人因你而死」的結果。而不是堅持不殺人，反而造成一堆「你不希望他死的人」被殺。

在那表現得一臉清高，眾人皆醉我獨醒，你們殺人手好髒，我手好乾淨，這會是多數人能接受的道德觀嗎？道德是與他人的互動，所以其行動目的應是成就別人，而不是成就自己。道德的自我沉迷，講白話一點，就是道德的自爽。這種自爽有時會爽過頭，爽昏頭。看看現在的馬英九。

在爽什麼？

馬英九覺得自己做的是「大是大非」，是堅持某種偉大的道德原則（「不可關說」）。但他堅持的這條道德原則並非台灣社會普遍的道德黃金律，多數台灣人的腦，都能區別關說至少有兩種差異：某些算非法，某些是合法的，或有些合於道德，有些不合道德。王金平的算哪種？調查都還沒開始，什麼裁決都還沒出來，馬英九你是在自爽什麼？

你要認為「所有」關說都不道德，那是你家的事，大家可不這樣想。當眾多民調數據指出這點時，馬英九反而進入更嚴重的自爽：「你們都好髒哦~只有我最乾淨！」批判他道德觀的人越多，他越覺得自己是聖人，畢竟聖人就是少數呀！真孤獨呢！好棒棒！

其實不只馬這樣想，許多他的捍衛者們，都在報章或網路上發表類似的道德態度，同樣進入了沉迷與自爽的階段。他們認為自己是潔淨的、神聖的，批判者都是邪靈附身。這也就形成了一個小小的教派，信徒們繞著自己的薩滿師打轉，轉呀轉的，大家全起乩了，發爐了。

基於宗教平等寬容的態度，希望大家能給重慶南路宮的乩童和信眾們多一點寬容。不要再逼他們了，以免在接下來的記者會，會有人拿狼牙棒打自己的頭。

後語

「道德自我沉迷」是義務論者特有的現象。他們較重視手段，甚少考量結果，只要完成手段，就認為完成行為的道德責任。他們認為行為結果不見得能夠控制，有時與運氣有關，所以不能太過重視。義務論者的說法或有其理，但問題在於實務上某些義務論者對於批判的接受度很低。當你指責這些極端的義務論者「完全不考量結果，只以行為本身自滿」時，他們通常會展示出排斥眾議的態度，更加的自閉。最後他們的道德行動將成為完全自律，依自我意識詮釋其成敗，不接受外在價值標準。

這會變得非常宗教性，一旦他們的意識形態與主流社會矛盾，就會產生不可解決的道德衝突。你越罵他們，他們的表現就越極端，越自爽。最後他們將完全忽略行為原初的善意動機，為了一些「執念」拚了命的執行。這其實非常可憐。

貳 政黨之道

國、民兩黨的惡鬥是否為台灣政治僵局的主因？兩黨當然都有其各自的缺點，但我認為上述問題問錯了。台灣真有政治僵局嗎？那什麼樣的政治叫順暢呢？像共產黨那樣一下就全表決完？他們的確是超順的，但那「正常」嗎？

說難聽點，如果一個代議民主制度「正常」，似乎應該表現出整體社群的衝突現況。如果台灣社會就是存在衝突與矛盾，那代議制度存在衝突與「卡住」的狀況，也是自然不過。

一、拍手黨

馬王政爭之後，國民黨在台中召開的全代會成為雙方對決的場合之一。輿論一方面仔細審視馬王間的互動，另一方面也觀察場外的反馬丟鞋大軍會有什麼表現。不過，全代會期間，國民黨以拍手表決的方式通過議案，意外成為社會關注的焦點。

多數人認為此舉不妥，有違民主常態。雖然我也認為這事應該以政治學的角度嚴肅討論，但其實我第一瞬間的想法是：「嗯？那沒有手或只有一隻手的人要怎麼辦？他就算贊成也沒辦法表態呀！」

大家都忽略身心障礙者啦！

拍手表決其實不算是一種表決，只是種慶典儀式，通常是在向某個權威致敬。國民黨也不是第一天這樣搞，但在全代會這種「黨內民主」場合出現，用意當然就是要凸顯馬英九的絕對權威。不過他真擁有絕對權威嗎？我相當懷疑。在某種程度上，越愛搞這種慶典儀式的團體，通常已經邁向內部權力的虛無化。真正展示實力，是透過祕密且不記名的投票，仍擁有絕對的優勢。越熱愛慶典，就代表自己越害怕。

身心障礙黨

在「社會哲學」中，有一派學者認為社會如同有機體，像生物一般，有其自身的生理運作機制，這機制越健全，該社會就越有競爭力，更容易在與其他社會的衝突、競賽中生存下去，並發展茁壯。一個屢屢突破困境的優勢社會，其內部機制不太可能是固定不變的，應會不斷演化。

國民黨內部的現行會議制度，也是經過長時間演化而來。「拍手」是舊制度之一，但現在已有某些更先進、客觀、標準的決議規則，包括電子投票、協商啦、黨員公投等等。連裝個樣子的投票、舉手都不搞，落到拍手通過，一定是有某種機能不彰，有某部分失能，這個黨也就成為「身心障礙黨」。

有人說陳水扁時代民進黨也拍手，民進黨不是「民主進步」嗎？拍手怎麼會是失能？不過那時候的民進黨，確實就是個失能的身心障礙黨。然後就垮掉了。

演化

我不是說全然不可拍手，而是如果在演化的過程中，拍手「基因」已經被慢慢排除掉，那你要喚醒這種基因，一定要有合理的環境成因，這種「基因」能讓你面對將來挑戰能更有優勢，你才會喚醒或找回它。可這次國民黨的「拍手表決」，雖護住馬英九的主席大位，但這對民進黨卻相對有利。民進黨巴不得馬英九一直領導國民黨到死哩。但馬英九本人應該是覺得拍手有利於解決未來挑戰，我相信他巴不得連立院都拍手表決。

某些人主張「黨內不需民主」，這確實有某些道理，不過如果黨內已有民主機制，而且是越來越民主，這種發展走勢一定有其理由，這理由通常是指向增加政黨競爭力與生存機會。當這種民主機制失能，改以老派的「拍手」機制取代，並不見得代表黨進入意識集中的高峰，反而是黨內原有的發展路線出問題了，不然怎麼會出現演化倒退（記得這叫「返祖」現象）。

有些身心障礙者在某方面的感官或能力會變得非常強大，拍手政黨也可能在某方面變得相當強大，但仍不能解決其身心障礙的問題。它們在某些地方「超能」，也會在某些地方「失能」。

國民黨曾經拍手拍了幾十年，拍到最後失去政權。但老人們還記得當年自己的強大，那強大的回憶片段，往往都與拍手的影像共存。所以他們才會拍得那麼開心吧！

開心就好，拍手就是因為開心嘛。就像想逃避兵役的役男會裝成身心障礙，或是自殘成真的身心障礙，國民黨如果要逃避什麼，自殘成身心障礙黨，那也沒有辦法。

後語

從規範倫理學來看，拍手表決只是種手段，目的論者會認為手段本身的道德意義很薄弱，必須觀察採取這種手段的動機或結果，才能判斷「此種狀況」採取拍手表決是否正確。而義務論者雖認為拍手具有一定的道德價值，不過這種價值是正（在沒異議的時候方便快速節約）或負（不精確、忽略少數意見），我想不同的義務論者應該會有兩極看法。

所以我個人認為拍手表決沒有特定的道德價值。不過，因為國民黨的道德形象太壞，當他們採取這種手段時，的確會讓這手段也出現較負面的評價。這是一種道德價值「傳染」的現狀，有點「對人不對事」。

雖然我們總覺得「對人不對事」是錯的，但這種看事情角度真的是錯的嗎？我們後面會討論到。

二、兩個大腸論

二〇一三年十二月，台北市長候選人柯文哲在受訪時指出，他和民進黨的整合與入黨策略遲遲無法敲定，因為民進黨裡有兩個太陽，即當時的黨主席蘇貞昌和前主席蔡英文。這段談話掀起了政壇爭論，也多少引起蘇、蔡陣營的不滿，讓台北市長候選人的整合更添陰影。

柯文哲講得對嗎？

我個人認為柯文哲不是個多好的首長型候選人，但他擔任「國王新衣裡面那個小屁孩」的角色，卻非常稱職。從他冒出頭到現在，他講的話，八九成都是政治圈實話中的實話。

當然，政治圈本來就是假來假去的地方，一直有人在那邊講實話，其他人就會很不爽，就像一堆東區妹在夜店碰到講實話阿弟仔一直說她們「粧濃」、「粉厚」、「油多」、「奶假」，她們也會很不爽。所以，不管是哪一黨的政治人物，對柯文哲都不會有好氣，但他因為這些實話，又很容易上版面，所以氣勢不會斷。

柯文哲的算計

在二〇一四年初，民進黨人不論是哪一派，應該都很清楚蘇貞昌欽定的顧立雄和謝系姚文智在正常狀況下不可能會贏。除了國民黨候選人突然掛掉這種狀況，要贏就一定要拿到國民黨選民的票；但是掛了民進黨籍，就很難在台北市拿到國民黨選民的票。

柯文哲的這種無黨狀態才是有機會贏的方式。無黨籍的身分可統合「國民黨候選人那一派」以外的其他政治力量，甚至包括某些國民黨派系。柯文哲自己很清楚，所以他很急，越早整合完成就越有機會贏。但民進黨對於整合表現得懶洋洋，不是很積極，於是柯提出兩個太陽論，刺激一下進程。

民進黨一直都有一堆巨頭，而二〇一四年初，就兩個頭特別大，這兩個講話都很有力，但在市長選舉上，這兩個講話都不算數，也都不出面做主，所以事情就拖著。

蘇、蔡兩人對於如何處理柯文哲，各自有一套策略推演。他們共同的盤算是，柯文哲就算最後選贏了，對民進黨任何一派都沒有具體的好處，除非他加入民進黨，並加入其中一派。但柯文哲又不打算這樣幹，因為他加入黨、入派，格局就小了。多方賽局就在這邊卡住。他氣勢越強，民進黨就越難下決定。

民進黨的困局

民進黨的內部分裂程度，遠超過外人想像。其雖然有足夠的民主意識，可以在整合完成後展現一體的戰鬥力，但在選舉階段的撕殺，遠比他們和國民黨之間的戰爭要來得激烈。許多統派的分析者總以為民進黨是鐵板一塊，把他們當一個固體來批判，當然是完全打不到肉的。他們其實是氣體，都是空氣票。

但就民主政治體制來講，政黨可以有鐵板一塊者，當然也可以有內部充滿分立與對抗的類型。只是當這種對抗嚴重到影響接下來的長期作戰時，就有必要適當節制，以免耗損實力。否則就真的只能再分裂出新政黨。民進黨就一直存在這種矛盾之中。

不管事又管事

二〇一四年初，馬政府提出一些配合 ETC 特性的春節國道收費方案，沒想到民進黨卻提出全面免收費的訴求。這大概是民進黨立院黨團提的，和黨中央關係不大，但堂堂一個黨，會提出這麼擺爛的政策而不覺奇怪，甚至是所有大頭都不覺得奇怪，就讓人有點噗嗤了。

春節是車流湧入國道的高峰，而且是非「流」不可，不可能禁止他們走，所以必須分流。原本的辦法是深夜〇－六時不收費，想辦法分流過去這個最少人利用的時段。結果民進黨提一個全時段不收費。這只會讓原本貪小便宜不上國道的人也開上去，那不就更塞？車已經夠多了你還讓車更想上來？這是科學，科學是沒得拗的，會發生的就是會發生。除了科學的部分，更可怕的是政治部分：為什麼會蠢到認為這種政策會有選票？

「哇！民進黨立委好會提案喔！讓我們春節不用收費耶！好棒棒！我下次一定要投他們！」

會有這種人嗎？有個鬼咧！這種政策根本無感，過年大家忙得要死誰會記得這種事。想要搭「嗆ETC」的風潮也沒搭到個邊，完全是亂搞。不科學又沒有票，完全是直覺式提案，一頭爽搞出來的。雖然最後交通部採用國民黨的版本，但重點是，為什麼會提這種爛政策？

歷來不是只有這種政策，民進黨立院黨團提過一大堆莫名其妙或為反而反的政策，為什麼黨中央不阻止？為什麼蘇太陽授權給立院決定？為什麼蔡太陽不制止？不是「太陽」嗎？「太陽」都不管？

其實他們是可以管，也有能力管的，但他們忙於別的事。他們的陽光只會照在權力的爭奪上，對於政策，對於一般人關心的事，他們照不到。「百姓的整體需求」不是他們的最優先考量，「政黨的勝利」也不是他們的最優先考量，「派系的生存」才是民進黨人的第一思維，在不影響派系生存的狀況下，才是黨的生存，再來才是人民的生存。

他們會把「國道免收費」定義成「人民的生存」，來安慰自己有為人民服務。實際上，不少政治人物也清楚知道，這根本就是徹頭徹尾的擺爛。可是大家都在擺爛，不一起耍擺爛不行。他們在政爭上是太陽，熱力曬死人，在政策上只是大腸，兩個大腸，甚至三個、四個、五個……，不知道是在搞什麼的大腸。

民進黨人花一堆時間搞「誰選這個誰選那個」的鳥事，百姓關心的事都不理，或是新聞出來趕緊放話兩句，熱頭一過就回去爭「誰選這個誰選那個」。是在衝三小？國民黨都爛成大便了，你還可以搞到比大便更爛，除了大便的好朋友大腸，誰有這個功力？

一個大黨，什麼政策都說不清楚，什麼未來都指不出來，每天關在小房間內苦思怎麼扳倒黨內對手，每個人都在想我們的「主君」，我們的太陽，怎樣才會變成唯一的太陽。有個鬼影韓劇叫「主君的太陽」，民進黨版的台灣政治鬼片，就稱之為主君的太陽吧。

後語

最後的結果正如各位所知，這兩個太陽始終喬不定，柯就以無黨籍身分與民進黨進行二階段初選，並取得民進黨的支持。而蘇貞昌則因為太陽花學運退出黨主席選舉，讓蔡英文成為唯一的太陽。

黨內派系在政治倫理學上是個有趣的存在。因為政黨法規，所以人們組成了政黨，但黨內可能存在一些意見落差，因此又會出現派系。這些派系平時各行其是，可能發生衝突並影響到正常的政黨運作。那派系的存在於道德上是對是錯？

民進黨曾解散具體規章下的派系，但人與人的連結無法取消，派系還是存在，也仍然以主要政治人物為象徵。我們通常認為派系利益不應大於黨的利益，黨的利益又不該超過人民的利益，而現實的世界則經常是反過來。

「現實狀況」不代表就是對的，我們應該檢討任何的實存制度，探看其中是否有荒謬之處。柯文哲就是這樣似傻非傻的點出了現有民進黨內的荒謬。如果為了在野側的「好」，的確是應該早點喬出個結論，而當時的兩「陽」推托，反而難看。因被指責而生氣，就更不是政治人物應有的高度了。

三、國民黨的去腦化

在二〇一四年中的一次聚會裡，有幾位國民黨人與我討論當前國民黨最大的困境是什麼。是馬英九嗎？是王金平嗎？還是那些立法委員呢？經過了「長達」三分鐘的討論，我們得到了共識，就是國民黨正面臨去腦化的問題。

什麼是去腦化？其實就是「智障化」啦！講「去腦化」比較好聽一點。之所以產生這種看法，有以下的理路。

由上到下的去腦

國民黨因其政治經濟優勢，曾經長期擁有一批「有腦的」政治菁英，遍及老、中、青三代。他們推動良性的政策，有效率的執行計畫。雖然黨內還是有一些無腦的白痴，但兩造相安無事，甚至相輔相成。有腦的會顧及無腦的面子，不會讓他們丟臉、難看；無腦的則會尊重有腦的意見，以免分不到好處。

人渣文本

但隨著馬英九上台，狀況出現轉變。他開始排除身邊的有腦人，因為這些人講話難聽，傷了皇上的自尊心。他大量重用無腦人，或是裝成無腦的人。這些裝成無腦的人，越來越不安好心，刻意在馬英九前面講一些低能的分析，迎合他的見識與能力，進而博得他的歡心；整個朝廷越來越多弄臣，原本高漲的民意聲勢開始下滑。

這種去腦化一開始只局限在高層，真正擴及整個黨，是政局惡化到開始大規模坍塌。洪仲丘案是公民運動的起爆點，但這個運動也讓國民黨整體快速的往去腦化邁進。

有腦的人都看得出來，洪案之初，軍方相關單位的反應大有問題。甚至連軍方有腦的高層也察覺了，看他們在記者會上的表情就知道。但這些有腦的聲音很快消失，八成是因為皇上決定採用無腦派對事情的詮釋與解決方案（「一切都是民進黨的陰謀！」），所以有腦派就去避風頭了。

馬英九授權給軍方來處理，而這些軍方主事者正好是想蓋掉事情的無腦派，事件很快往一團大便的方向發展，終至場子鬧大，難以收攤。

社會的反抗

國民黨人並沒有自我檢討，反而見笑轉生氣。無腦人的意見越發成為黨內主流，而有腦人呢？他們發現皇上好像不支持他們的立場，只聽得進無腦人的話，甚至開始懷疑自己是民進黨派來的，於是就閉嘴了，不再嘗試去改變黨，默默的看著黨擺爛。

這造成局面快速惡化。隨著皇上一直出包，一直發傻，一直生毛帶角，終於引發一連串的社會「暴動」。從太陽花暴動，石虎暴動，風車暴動，核四暴動，護樹暴動，台灣遍地暴動；一方面公民暴動成為台灣主流意識形態，另一方面以無腦角度詮釋這些暴動，則成為國民黨內的主流意識形態。

無腦人始終堅持這些暴動一定是民進黨發動，一定有收錢，一定是無知年輕人受煽動，一定是「九零後」亂讀書亂看漫畫所以才不懂事。都是「一定」，所以沒有討論的必要，也自然沒有提升論證的必要。他們並沒有親身瞭解這些「運動」，他們不認識其中的人，他們不曾探討其運作機制，就提出一堆見解。這些見解當然都是垃圾。

這些社會運動的組織性和厚度，都遠遠超過以往民進黨發起的運動，學生的知識程度與思辨能力也遠超過這些無腦人。但或許就是這些學生的思辨能力太高，高到讓無腦人自尊受挫，他們因此拒絕相信這些事實，越來越堅持自己的看法。

從國民黨立委的集體反智，就可以看出來這種去腦化已經走到最後一個階段。這些被列為「首割」的藍委真有那麼蠢嗎？蠢到非講那種挑釁的語言不可嗎？他們能混到今天，絕對沒有那麼蠢，但他們察覺公開支持國民黨的只剩無腦人，所以他們必須講出無腦話，必須反覆的講無腦話。一方面是爭取選票，另一方面是避免自己被當成敵人。

而其他立委和政客呢？他們不出來唱和的主要原因，不是因為有良心，而是不想丟這個臉。耍白痴就讓他們去吧，我們先裝死，最後再來割稻尾。

總統無腦，因而侍臣無腦，這些高層的無腦舉動，又進而促使隨眾無腦，這些隨眾又刺激有腦群臣裝無腦。這就造成國民黨由上而下，再由下而上的去腦化。這是惡性循環，形成一種無法煞車的黨國悲劇。從一週一無腦，變天天都有無腦新聞。「國民黨：反國民黨」就與「無腦人：有腦人」疊合起來。

「極化」與「製造對立」的手法，是選舉傳統老招，比如「統：獨」「經濟：破敗」，但這次國民黨卻在老路線之外，外加選配「無腦：有腦」這一組。只要站在國民黨這一側，要揹的無腦共業就越來越重。除了一方面要和運動份子進行理性對辯，另一方面又要幫無腦人的言行做迴護。這很累。

站在反國民黨側，進行論辯就越來越容易，只要強化國民黨的無腦形象，就自然弱化國民黨的說服力。到最後，國民黨講什麼都不會有人當一回事，政治新鮮人與搖擺中立者會越來越恥與國民黨同列，國民黨「只有笨蛋會支持」的形象就越牢不可破。

那國民黨該怎麼辦呢？怎麼樣才能讓有腦的國民黨人一起站出來救黨？關我屁事。自己的國民黨自己救。不救最好，讓大家看看人能蠢到什麼程度。

後語

這類競相迎合馬英九喜好的舉動，頗類似古代君王身邊的弄臣。這種弄臣多到沒人記得住，但歷史上也存在某些「能臣」，一方面迎合君王喜好，也能在另一方面把事搞好，我們會認為這種兩邊都「按奈」得住的人非常了不起，是在績效與道德雙方面的了不起。雖然我們也會肯定直言極諫之臣，不過他們通常很快被斬了，對政治實際影響不大，只是替自己博得美名，可能還會有點道德自我沉迷的問題。

如果這些裝沒腦的國民黨人之中，還有一二能臣，可以「日久見人心」「放長線釣大魚」的把局面拉回來，那麼「裝沒腦」這件事就沒那麼壞，只是種策略運用，就像前面談過的拍手表決一樣。不過這需要時間觀察，而現在馬英九身邊起起落落的人物，多數的確是讓人失望的。

人渣文本

四、想像的國民黨人

經過一連串社會運動，支持國民黨的「國民黨信徒」與反國民黨的百姓分裂得越來越嚴重。很多人對社會分裂感到憂心。我認為需要思考的不是社會分裂，而是國民黨信徒自身的「道德精神分裂」。他們病得很嚴重，卻完全沒有病識感。

這些「國民黨信徒」，根本就不是真的「國民黨」，卻死命的為這個黨辯護，甚至認為自己的生命價值與個人榮辱「與國民黨共」。他們在政治議題上全站在國民黨的同一側。從反服貿學運、反核四運動，到現在社會上各種對抗政府的小規模抗議，他們都站在國民黨政權的四周，全力痛罵反對者。若是民進黨執政區的民眾抗爭，像台南台鐵東移案，他們就站在抗爭方。他們就是要和國民黨的黨爭意識形態一致。但這些人是「國民黨」嗎？並不是。

或許他們會掏出一張黨證，但大家也知道那一點屁用都沒有。真正的國民黨是種政治經濟複合關係，這種關係讓「他們」成為強大的團塊怪獸，能四處擴張，佔有台灣。外人沒那麼容易打進去，只能在外興嘆。

前述的那些「國民黨信徒」，只是自己跑去黏在團塊上面，是去沾光的。真正的國民黨人根本不會接納這種「沾光人」。他們出身太卑賤，能力太低落，擁有的資源也太過稀少：除了選票之外，他們一無所有。而他們又老是把選票投給國民黨，因此實際上也成了一無所有。

他們是想像的國民黨人，不是真正的國民黨人。透過想像自己是國民黨，他們陶醉在一種安全、富裕、權勢的幻覺中，認為自己達成了人生的目的，或正在捍衛自己的幸福。這就是得了道德上的精神分裂症，從真實的道德關係中解離了。他們隨著國民黨的勝利而歡欣，卻沒有發現這種勝利對自己沒有實質利益，甚至是實質的損失。

他們認為自己在身分認同上是外省人，是軍公教，是台商，是經濟發展的支持者，就「必然」是「國民黨」。但這「必然」是種狂妄的想像。真正國民黨的高層，從來就沒有給出要把「你」當自己人的許諾。他們只是這樣想像，然後覺得心安。一種與權力結合的心安。貧賤之民認為自身和權貴合一，實質是由自己的真實的身分分裂而出。他們沒辦法認清站在他們對立面的其實不是民進黨。或反過來說，在他們的想像世界裡，他們一直與想像的「民進黨」搏鬥。

他們實際批判、對抗的另一個「共同體」的成員，並不見得會想像自己是民進黨。站在這些「國民黨信徒」對立面的，從真正的民進黨，會投民進黨的人，政治傾向中立者，到看不下當前國民黨作為的真正國民黨人都有。這是一個複雜的集合體，因為太過混亂，讓「國民黨信徒」們無法理解，只能強行將之劃一為「民進黨」，以方便他們的想像。

確實存在一些也同樣想像自己是民進黨，凡事都與民進黨政策站在同邊的人，但這些人太少了，而且嚴格來講也沒有什麼「民進黨政策」，因為民進黨自身又是分裂的，沒有共識，沒有主體。

所以，與國民黨搏鬥的，是大型的飄浮幽靈群，他們因為反國民黨而聚集在一起。你一拳打過去，他們會散開，之後再次伺機聚合，總是浮在島國的上空之中，越飄越大群。

而這島國的中央被一頭名為國民黨的硬皮巨獸佔據了，這巨獸外圍繞著一圈嚎叫的道德精神分裂症患者。那巨獸和病人呼喊、意圖消滅的對象呢？則是空中的幽靈群。

這裡是哪裡？當然就是所謂的鬼島了。

後語

意識形態分析是非常痛苦的過程，勢必得罪不少人，因為必須敲探對方任何一個行為符號的可能意識形態來源，而有些意識形態來源非常醜陋，公開時會大傷感情。多數的國民黨人認為自己是基於理性判斷而選擇國民黨，正如多數的民進黨支持者一樣，但實際上這兩造通常都沒有仔細思考過自身的價值觀念是從何而來。

本文的價值「肢解」過程也同樣可以用在民進黨人的身上，但我認為其結果會有一點差距，因為民進黨並非執政黨，而且也不夠有錢，與金權的結合亦不夠完整，因此應該不會得出相同的結論。

這其實是種政治上「西瓜偎大邊」態度，其道德問題在於自我欺騙，以及讓自己陷入更大的生存困境中。但也正如人們總喜歡支持運動強

人渣文本

隊，這可以讓自己活在幻想的強壯肢體中，這種吸毒式的快感的確很難戒除。

直到晚近，台灣社會才剛開始全面接觸這種意識形態解構的進程，確實是有點慢了。

參 政治結構

政治是種專業工作，政治從業人員則是一群特殊的技術社群。這一群人的可怕之處，在於當他們「知道」與「不知道」如何操作國家機器時，對普通百姓來講都會是種威脅。我不知如何解決這種矛盾，只能建議從中力求平衡，至少形成一種恐怖的平衡。

一、體制內丟鞋

苗栗的大埔徵收案導致住戶張森文死亡，苗栗縣長劉政鴻強行前往靈堂致意，遭到陳為廷以鞋爆頭的懲罰。自此之後，台灣興起一陣丟鞋風潮，朝廷文武百官紛紛中彈，其中又以總統最慘，因此各警局還特別撥款購買攔鞋網。

丟鞋也是種流行，等風潮過了，似乎就已經很少看到這樣的抗議手段，大概是因為邊際效益遞減的關係。相對來說，政府也浪費了一大筆納稅人的錢，買了一堆無用的捕鞋網。

丟鞋議題的衍生性很強，除了「該不該丟鞋」，也包括了「為什麼不走體制內抗爭」，甚至涉及「捕鞋網是不是買貴了」的貪污問題，「教育部長說丟鞋不好是不是亂回答」的政客言語藝術問題，以及「問教育部長丟鞋問題的孔文吉髮型算不算條碼頭」這美學問題。

而我在這，要以全然不同的角度來談。

操作者

我先說個故事。過去我很閒的時候，沒事就會帶我的小毛狗去散步。牠固定會去某條小巷晃晃，尿個兩滴，再往其他地方去。某天，這條小巷突然被封。地主在巷口蓋了鐵捲門，打算改成私人停車場。小毛狗很生氣的在那新蓋好的鐵捲門外吶喊（怒吼），彷彿心失落了一大塊。有鑑於小毛狗心情大壞，做為主人，當然應該以最速件處理。回家之後，我就發函要求市府解決。第二天，那新蓋的停車場就被拆得乾乾淨淨。於是小毛狗又可以進去尿尿了。棒棒！

為什麼？因為我一眼就看出那是既成道路上即報即拆的違建，我知道怎樣讓它馬上消失。我很惡質嗎？沒錯，但一切依法辦理，謝謝指教。

在某種程度上，我知道怎麼運轉一台叫「政府」的機器，因為那是我過去的工作，政治人物聘請我們來推轉這台機器。政治人物其實和百姓想的不太一樣，他們通常不是那麼好的「政府機械工程師」，需要一些技術人員的幫助。而一般的百姓更不知道相關的技巧，就算是三、四十年經驗退休的公務員，也不見得清楚非專長領域要怎麼操作。「全面控制政府」的技巧不太容易學得，所以有其市場價值，上道的師爺和幕客可以領不錯的薪水。

這不代表懂技巧的人就無往不利。有時動用一切方法和關係，還是拿案子無可奈何。這是因為政府力量有其極限，法令就到這程度，再下去只能找黑道來處理了。此時應該怎麼辦呢？我的建議是，個人私事、小事，能放下就放下。但國家大事，值得你用體制外的力量一拚（不是黑道，是丟鞋這種的）。展現正義的機會，很可能一瞬就會錯過。

無路可出

但百姓看不出來其中奧妙。他們只會覺得申訴無用，但區分不出是政府真的無法處理，還是被公務員推托。就算現在有1999，有很多正式且方便的申訴管道，多數百姓還是不懂、不會、不敢和政府溝通。

怎麼辦呢？政府提供管道，但只宣傳一下就當沒事，從不教百姓怎麼用。沒有學習的機會與背景知識，一般百姓當然學不來。所以逼到最後，百姓無技可施，就只能丟鞋子，丟雞蛋了。每當質疑者說「為什麼不尋管道溝通？」時，我只想反問：「那你知道怎麼有效和政府溝通嗎？」

人渣文本

講話者通常自己也不知道，我想甚至連教育部長、立法委員自己也不知道。馬英九可能也不知道。沒有了好的幕客，政治人物的功力就大為減損。大家不都說馬英九正是困在「缺乏幕僚」嗎？我認為他的困境是這種說法的另一個角度：他想親手操作這機器，可是他不會。

幾乎沒有人知道該怎麼操作的管道，就等於不存在。當體制的可利用性比鞋子還低的時候，你要責怪的應該是體制的操作者，而不是鞋子的操作者。

後語

解決百姓與政府之間的資訊落差是種道德責任，但似乎永遠難以滿全。政府的公職與高層政客所擁有的技術能力必然遠超過百姓，而這種落差將不斷吸引他們運用這種技能以謀求自身的權益，並阻止其他人「學會」這些方法。

用法律懲罰的效果有限，因為殺頭生意總有人做。改善的方向或許是盡一切可能提升百姓對於國家機器的認識，且不只是提供教學，還需要訓練大家實務操作。因此官員應該想辦法吸引百姓與政府溝通，並透過這種溝通過程提升百姓自身的知能。

在台灣，許多直轄市政府已經做得非常努力，但一些貧困的小縣在這方面的落差越來越大。我認為這會引起更嚴重的官民衝突。

二、馬的詮釋學

二〇一三年十一月二十六日，馬英九接見來訪的「第三十屆中日工程技術研討會」與會日本學者，提到我國已建立一套核電機組斷然處置措施，在真正危機已接近失控情況下，「我們可以把這個（核）電廠整個摧毀，避免輻射外洩」。這個「摧毀」所指為何，成為之後幾天「總統詮釋學」的焦點。反對黨當然刻意解釋成是「把整個核電廠打爆」，以突顯總統的低能；府方、台電則當然是拗回來，說「摧毀」是指「斷然處置措施」。

馬英九這「摧毀論」顯然是失言。又是失言，他已經失言到可以編三大冊的《馬問語錄》。他之所以失言，除了沒有好的幕僚幫他擬稿，八成是因為他想跳過幕僚自己上陣，可自己卻沒那個本事；犯錯之後，也沒有能直言的謀臣勸阻，才會一犯再犯。

外賓

其實我比較感興趣的部分，是總統的翻譯怎麼把這話翻成日文，還有日本訪客當場的表情反應又是什麼。可能是我看的報紙少，沒看到有媒體提及此點，或許是媒體沒人懂日文，也可能是因為記者聽到中文就已經見獵心喜，而忘了追來賓的反應。

其實來賓的反應才是重點。馬英九老是在接見外賓時講一堆和外賓不甚相關的鳥事，來宣達或回應當前政治訊息，實在是很不禮貌，無形間也矮化了這些外賓。見什麼人講什麼話就好，多講，就會出錯、出事。

道歉

總統在這種場合失言，當然是不重要的鳥事，發言人出來簡單道歉就可以。一個不為小事道歉，對大事又拖到最後一刻才道歉的政府，已是百病叢生。我們總希望政府永遠不會犯錯，但這不可能做到，任何施政都會有受害者，如何在情緒上安撫這些人是很重要的藝術或技術。忽視或完全否定這種技巧的政權，其實已局部失能了。

「摧毀」就是打爆的意思。但一般人也知道，馬英九想講的不是打爆，而是把核電廠廢了。大家都看得出「他所表達的語言」與「他想表達的意思」存在著落差，所以會對他抱持一種不屑、同情或可憐的心態。這是種國家級的悲劇，也是喜劇。

招式

府方、台電、反對黨匆忙跳出來的詮釋，其實也都在百姓的瞭解與「掌控中」，沒什麼新意，也沒什麼格局，同樣是這悲喜劇中的一部分，老招演到爛了。政治八點「黨」就是這樣演了幾千集，一成不變，大家看了都不爽。

政治要怎麼讓人爽？當府方第一瞬間跳出來說「總統失言，深表歉意」，台電出來批評總統「用詞不當，偏離方案設計本旨」，反對黨出來指稱「總統應該是一時昏頭，本意應該不是如此」，才有一新之感。

可惜這爛戲演得太久太長，大家都不敢跳出角色設定。台下的觀眾越看越悶、越煩躁。他們什麼時候會想「摧毀」、「斷然處置」這些演員？台上這票人要仔細想想。

不要老是想演核四、服貿這種風水世家橋段，就想把任期混過去。演戲要有點良心，雖說看戲的是傻子，但百姓可以選擇不看。真要演到各方的支持度都低到和電視爛戲的收視率一樣，才會接受這演法不行的事實嗎？

後語

古羅馬皇帝班師回朝，舉辦浩大的慶祝遊行「凱旋式」時，都要在馬車上帶著一位奴隸。當皇帝接受萬民歡呼祝賀而樂不可支的同時，那奴隸（事前受命）會低聲的在他耳邊不斷重複說：「你是人，不是神。」

為的當然是要讓皇上冷靜下來。

「言官」和「諍臣」難尋，難尋的原因當然是雙向的。下位者不想當壞人，上位者不想被罵，上下交苟且，政局就一團糜爛。這在道德上當然是錯的，政治人物自己也知道，不過權勢熏天，爽都來不及了，這些小過錯，就先放著不管吧。通常就是這樣一路不管，直到下台一鞠躬。

可能有效的建議，不是要你讀《唐太宗傳》學習他的聽諫態度，而是在剛踏入政治圈的時候，就帶著一個擅長吐槽你的朋友。保持隨時接受無情批評的幽默態度，或許是讓你無災無難到公卿的關鍵法寶。

三、你有什麼資格來論斷他

二〇一二年，台鐵太魯閣號司機員蔡崇輝駕車行經平交道時，撞上砂石車而慘死車內。鐵路局依「因公冒險犯難」向銓敘部申請撫卹，卻遭到該部駁回。家屬因此提起行政訴訟，二〇一三年十二月八日，台北高等行政法院作出判決，認為無證據顯示蔡員當時緊握剎車、夾死在駕駛座，雖然其行為令人感佩，但與冒險犯難要件不符，駁回家屬請求。

這判決讓我想起課本的一章。該章提及一個假想的狀況：一位英國二等兵陣亡了。有顆手榴彈丟進他的戰壕，他見大伙躲避不及，為了保護同袍，於是用身體蓋住手榴彈，隨即因之陣亡。他的親屬疑惑於為什麼他這樣英勇的表現，卻沒獲追贈勳章。

英國政府給的回應可以摘要成兩點：第一，不是長官命令他這樣做的，所以不算「因公」。第二，勳章的另一個要件是「臨陣勇往直前」，涉及「勇氣」這個德行，而此德行的西式定義是「犧牲自己以幫助別人」。但官方的見解是，不論該員是否蓋住手榴彈，以他離手榴彈的距離，他都死定了。蓋是死，不蓋也是死，所以並沒有多犧牲什麼，因此不符合要件。

超義務行為

這故事在一般人看來存在某些不合理之處，但也很難指出其中的癥結為何，因為這和「超義務行為」此倫理議題有關。超義務行為，顧名思義，指的就是超出義務的行為。我們通常會用「沒規定你要這樣做，但如果你這樣做，大家會稱讚你」這句話來解釋超義務行為的特殊性。

超義務行為沒辦法用具體道德標準去規範，因為這種行為可能造成很大的損失，不可能要求所有人都照作。

像是我們不可能規定所有消防員都該不顧一切冒險衝入火場，不可能要求所有人都要跳到海裡去救溺水的小孩。但你真的這樣做，我們會覺得你很了不起。雖然可能也覺得你有點蠢，但你仍是「道德上值得肯定的」。

問題就在於，這種行為是「道德上對的」，我們多半會給予肯定，但「它」不能以法規明定之，一旦明文標舉，就會產生矛盾。這個二等兵的故事就是一例，法律的制度性限制，讓依法行政的公務員否決了他的勳章（先不論其是否扭曲規定本旨）。

用法律去決定「一個行為」是否為「值得鼓勵的正確行為」，這種作法適當嗎？我認為是不適當的，但我們又需要這樣的法律來　與人具體的肯定，包括銅像、勳章與金錢。這存在著強烈的價值矛盾，以價值學的專有名詞來說，我們是以可以量化的「外在善」（金錢）來衡量不可量化的「內在善」（內在感受）。

跳到海裡救小朋友，只要是因此犧牲，就可以獲得政府補助設立紀念銅像？還是要看風浪幾級？小孩年紀多大？衝進火場救人，只要是因此犧牲的消防員，就可以入祀忠烈祠？還是要看火勢多大？長官是否命令？他是否腦充血？

如果超義務行為不該有任何的外在標準，那我們可以問個更根本的問題：超義務行為存在嗎？沒有明文標準，我們怎麼判斷這是超義務行為？或是單純的愚行？

難以評估

我認為超義務行為確實存在，其判斷標準不在外在具文，而是我們對於這類行為的道德反應。我們認為這種行為中具備某種高尚的道德衝動或美德，不論其手段是否妥當、結果如何，至少其道德動機是正面的。我們可以就其動機來予以肯定。

但法律或行政制度難以準確認定人的動機，這些「系統」只能看到客觀手段、結果，並去逆推其動機，無可避免會造成評價上的落差，造成其判斷和我們多數人想像的結論不同調。

「政治系統」能看到的，是台鐵的這位司機，他在死前到底位在何處，是否有什麼相關的處置，是否符合「冒險犯難」的所有明文要件，是有一個公式在運算、評量。

但一般的人，即「多數的道德評價者」，看到的是種整體的氛圍，我們從氛圍中感受到其潛藏的道德動機，並體察出這種超義務行為的價值，不是靠道德「公式」。法律才有公式，道德沒有（或沒有成功到所有人都能認同的公式）。

對於客觀事實，每一位新聞讀者都可自行做出判斷，或許很難比行政司法系統更客觀、準確，但我們的道德直覺可能會告訴我們一些超出行政與司法判斷的部分（內在於行為的善），而這些部分正是行政司法體系所無從納入的。它們通常只能處理「義務行為」，對於「超義務行為」，它們將左支右絀，一旦企圖框架這種行動，就有可能會破壞這種行動的內在價值。

道德有超出法律的部分，要法律涵蓋這些部分有其困難，你不能勉強法律走得太遠。這個案子早在行政體系內部處理時（銓敘部審查時），就應該以政治智慧解決，進到司法，已難有良善的結果，法院只是就現有法條在判「有錢沒錢」的問題。所以這起事件的「道德」責任不在法官身上，而是在於堅持以法律「框架」超義務行為的政務官身上。你如果有資格論斷他，也自認有資格論斷他，那你也有相對應的道德責任。不要躲在制度的保護下，說那都是法律的事。

以法為善

政府官員依法行政久了，經常變成以「法」為善，甚至是唯一的善，認為自己完全沒有法律之外的彈性空間或裁量權。把「行政倫理」誤以為「合於行政法的才是倫理，行政法外無倫理」，是當前此一領域的嚴重病態。

法律本來就會有某種彈性或調整空間，需要執行當事人動腦思考，但動腦很累，會消耗熱量，加上多一事不如少一事，所以這種案子多半會被否決；就算有公務員大發善心支持，也不見得會有好下場，因為會有其他公務員婊他。

公務員除了做為一個依法行政的類機械主體之外，他也具有一個普通社會人的道德身分，任何人都無法放棄這種身分而活。先做「人該做的事」，再做「公務員該做的事」，這才是正辦。

最後，這個案子在輿論壓力下，銓敘部選擇主動退讓，讓故事有了正面的結局。

後語

要說服公務員在「法律許可的範圍」內做出需要勇氣的決策，已經非常困難，而在「法律的模糊地帶」或「法律之外」的範圍，更是不可能的任務。做得越久，官越大，就越膽小。因為自身利益太大，不敢放手去做，以免出包後一毛退休金都領不到，還被抓去關。這在道德上是「自私」，除了利己主義這種流派之外，通常不被認為是「對」的行為。當你擁有權力以服務公眾，不應該只是做個NPC或機器人，反而應該更有道德靈魂，在一些重大事件上展示出超乎常人的道德勇氣（也就是「超義務行為」）。

在這個火車事故的案子中，駕駛的行為表現雖無人目擊，但就現場跡證看來，他應該還是堅守崗位到最後，其行狀足稱是「超義務行為」。面對這種局面，處理其相關撫卹事宜的公務員，也應該展現相對應的「超義務行為」才是。

四、圓仔的陰謀

網路上有個陳年議題，就是台灣的新聞界不夠有國際觀，都在報小貓小狗的新聞。近年像是黃色小鴨（大隻的），圓仔（大貓熊）以及吳憶樺（長大了）。但感覺至少有長進了，新聞主題從「小」貓「小」狗變成「大、大、大」。

對於台灣新聞界為什麼會有這種問題，有「陰謀論」與「低能論」這兩種解釋。我們來看看這兩造的論述：

陰謀論：有一個邪惡集團X，他們想要遮掩住某件壞事，所以用這些小貓小狗新聞來吸引我們的注意力。

低能論：媒體從記者、編輯到主筆、總經理都是白痴，他們的能力只夠處理這種新聞。

這兩種說法太常見了，每隔一段時間就會在網路上流傳，以不同形式的網評文章在臉書上轉錄。但這兩種說法都存在一些難以解釋的漏洞。

陰謀論的矛盾

所有狀況都可能有陰謀論的解釋，路燈不亮也可能是「國民黨打算殺人」或「阿共要打來了」，但通常只是因為沒人報修、工程人員懶得來，或公所根本沒交電費。

我不認為新聞報小貓小狗是因為「政經複合統治集團」（在台灣，這通常指國民黨及其侍從體系）下了密令要求這樣做的，因為如果有這樣的命令，一路轉發下來，會傳遞到非常大的人力組織裡。只要知道的人越多，根據經濟學原理，一定會洩密的，因為他分到的好處會很少，出來爆料的利益會很大。

但我沒看到有新聞界的人出來說真有這種具體的愚民指令，提出陰謀論的通常只是一般的民眾或社會觀察者。他們會這樣覺得，是因為在過去威權時代確實有這種黨指揮報紙的狀況，但當年大家也都清楚知道黨在指揮報紙，因為就算是威權時代，也會有人出來偷偷爆料，甚至明講，所以大家才會知道。

如果你覺得現在國民黨很無能，馬英九很廢，他連國家都控制得一團亂，那一個「不洩密的神秘集團控制說」就更沒道理。這個集團也不太可能是共產黨主導，因為你在台灣都可以聽聞他們控制不住而漏過來的一些民間消息。

有人會堅持馬英九治國很爛，但情治、新聞機關卻掌握得很好。這種說法需要更多積極的證據，但目前我看不到這方面的可靠資訊。你只要務實的想想，現在馬英九如果要施行戒嚴，會有多困難。因為國軍和警察都太廢了。這兩者有多廢，我想多數人都有一些親身體驗，甚至你自己就當過。至於新聞方面，他們連馬英九粉絲團的治國週記都搞得像大便一樣，是能多有力掌控媒體。

低能論的局限

第二種說法是媒體低能論。這種說法認為記者和編輯都笨笨的，不然就是媒體高層笨笨的，所以都只會報這些爛新聞。這種說法不能說全錯，因為的確有不少新聞從業人員笨笨的，但他們之中也有許多聰明人，這些聰明人有很強的修正力，足以導正同業中那些笨蛋所造成的問題。所以每天的報紙都還是印得出來，電視新聞都還是播得出來。

事實上，我覺得正是因為他們「太聰明」之故，而造成這種小貓小狗現象。這些媒體從業人員或媒體高層的聰明是用在追求集團利潤之上，也就是倫理學說的「外在善」，而把人間真善美價值的「內在善」放在第二順位。賺錢第一，其他再說。

收視率、閱報率主導一切。小貓小狗有人看，人間真善美的新聞沒人看。許多人會質疑我：小鴨新聞煩死了，誰要看啊！誰要看那坨毛茸茸的「支那賤畜」（圓仔）呀！那個巴西人更無聊了，關我屁事。為什麼媒體不去追大埔後續？為什麼不去報洪仲丘後續？為什麼不報……？那些社會議題我都想看呀！

那是你不想看，有些人想看啊。「大」黃鴨沒人看嗎？放久了比較沒人看，但它一爆炸，有沒有人看？大家搶著轉咧。那就是有新聞性。圓仔沒人看嗎？冷的要死一堆爸媽帶小屁孩在那排什麼？那就是有新聞性。

巴西人呢？都有人纏抱他「喇機」了會沒人看嗎？不要小看台灣的ㄈㄈ尺（這是什麼自己去google）。那就是有新聞性。

大埔也是有新聞性，你看人一過世、判決一出來，大報都會登，但之後的東西就沒新聞性了。洪仲丘的案子也是一樣，要有事件發生才會有爆點。

為什麼不追著爆？為什麼不去發掘真正有意義的新聞？因為沒人看呀！因為「他媽的沒

人看呀！」弄個孟加拉大選新聞誰要看？這種外電譯得要死又容易譯錯被專家吐槽，結果出來也沒人要看，弄這幹嘛？良心事業？

前幾天有個記者訪問我，問了半小時，結果出來我講的段落只有三四行，因為是和其他人的訪問共同組成一篇特稿。整篇特稿可能鬧了十來個小時才生出來。弄得半死，這種專業的東西有人看嗎？良心事業？

如果是非營利的新聞公社就算了，營利的媒體公司是有多大的良心空間？一小時的新聞排十分鐘？二十分鐘？結果那二十分鐘的優質新聞收視率是〇・〇五％，要怎麼辦？怎麼和業務部門交代？吳憶樺伸舌頭有〇・三％，圓仔睡覺〇・五％，小鴨一爆炸一％。編輯沒游泳過去把小鴨刺破就已經是良心事業了好不好。

這也不見得是台灣人整體素質低落所造成的問題，因為會看吳憶樺、圓仔、小鴨新聞的人，真的沒那麼多，但這些人就是比想看國際新聞，想看社會議題的人多了那麼一點，多到足以養活媒體。以要死不活的程度養活。

新聞的價值

那新聞倫理呢？媒體的社會責任呢？播爛新聞怎麼可能會沒有道德問題在其中呢？我要反問，你說的「爛」是誰的「爛」？當有人就是想看圓仔的時候，你硬給他看孟加拉大選，請問這是正義嗎？她只是個鄉下耕田的阿婆，中午回家休息一下，想看個貓熊療癒一下身心不行嗎？你可以上網辱罵記者給你看爛新聞，而她看不到貓熊，又能去罵誰？找誰申訴？

什麼叫社會責任？為誰負責？誰的價值觀才是正確的？當我們的開放社會不存在「正確價值判定委員會」能告訴我們什麼是真正的對與錯時，我們實在很難怪罪媒體經營者往金錢利益靠攏，因為金錢好判斷多了。這是悲劇的開始，也會持續到終曲。

你問我要怎麼解決，其實我也不知道，這要請新聞傳播學專長的老師去想辦法，我這種搞倫理分析的人無力解決。我能說的是，一個悲劇性的狀況，不見得是有誰犯了錯，也不見得是歷史共業，或許只是此刻正好走到了劇情的高峰。

接下來呢？網路媒體正快速興起，說不定三、五年內，媒體版圖就會有很激烈的變動。

後語

越大，越混亂的體系，越難出現整體性的陰謀，因為他們連小事都辦不好，怎麼可能辦好大事。研究者也很難去簡化一個結構複雜的問題，某單位狀況百出，可能從領導人到清潔人員都是成因。

但我們總是想得知「快又簡單」的答案，這也就是陰謀論或某些過度簡化詮釋之所以橫行的原因。陰謀論通常不會是事實，因此在倫理學上錯得比較嚴重（涉及造假與說謊），而「過度簡化的詮釋」，雖然有時還是可能命中，機率高低而已，但這仍是不負責的解釋態度，我們仍可指稱這在倫理學上是錯的。

但如果你只是隨口亂掰，單純想指責一些群體現象，而不是認真的求知，這種批判就沒有太大的道德問題。但你還是得對真相心裡有數。

五、國家，年輕人，是供啥小

二〇一四年二月十五日，陳文茜發表了〈這個國家太對不起年輕人〉一文，許多網路寫手紛紛以此為主題發文，嘴炮一發不可收拾。全台陷入「年輕人大戰國家」的無窮迴圈中，因為文章實在太多了，我看不完，就算有許多學生、朋友要我談談這個議題，我也難有什麼完整的回應。

我仔細檢討自己為什麼看不完，想了幾天，得出一個結論：老實說，我看不懂他們在「供啥小」。特別是一堆高學歷知識份子投入後，使用太多專有名詞，在理解上越來越困難。

這閱讀困難來自一個共同原因。從陳文茜的首發文開始，我就發現她沒有明確定義文中的「國家」和「年輕人」分別是什麼。接下來是個賣期貨的提出反面意見，他認為國家沒有對不起年輕人，但同樣也沒有定義年輕人和國家是什麼。後面雖然有一些知識份子發現這個問題，但他們一樣沒有解決這個問題，反而增加了國家和年輕人的定義種類。定義越來越多，討論也就亂成一團，一般人根本讀不懂。我自己是教社會哲學的，我都看不懂了，一般人是要怎麼懂。

國家到底是什麼？

是政府？政府機關？公務員？事務官加政務官？馬英九政府？陳水扁政府？中華民國政府？把持政府的老人？把持政經權力的資產階級？還是台灣人整體？台灣人交的稅所建構出來的東西？還是一個想像的共同體？或是台灣人心中所想的那個飄在台灣上空的東西？

年輕人又是誰？

五十歲以下？四十歲以下？三十五歲以下？三十歲以下？連勝文算不算？沒有一生挫折但有一身皺折的人呢？我算嗎？你算嗎？馬英九女兒算嗎？我女兒算嗎？還沒就業的學生算嗎？月薪八萬以上的青年上班族算嗎？失業者算嗎？靠爸族算嗎？包租青年算嗎？六個退休公務員養的獨子算嗎？博士雞排創辦人算嗎？

啊你們到底是在「供啥小」？如果根本不確定自己講的主題是什麼，為什麼可以吵那麼多？感覺「大概是」就可以？是誰的感覺？你的感覺？我的感覺？發文者的感覺？讀者的感覺？

說穿了，這些文章吵得一團亂，全是假設「他們講的那個，就是我想的這個」，但「他想的那個」真的是「你講的這個」嗎？陳文茜所指的國家到底是哪些人？年輕人又是指哪些人？能不能給個明確的範圍？或者都只是種模糊的自我想法，心中有佛看來就是佛，心中有屎見來便是屎？

如果大家談論標的都只是自己心中的投射，那討論得再爽，也不過是自爽。多數評論者可能覺得自己的論述可以終結討論，但實際效果卻非常差。我相信大多數的讀者，在讀過這系列文（可以上網去找，包括我這篇）之後，應該都會有同樣的想法，那就是：我剛剛到底看了啥小？

後語

進行哲學討論前，我們通常會提醒所有參與者先明確定義自身的用詞，先在定義方面嘗試取得一些共識，以免討論只是互相對空氣開炮，毫無意義。

但在進行實際的政治活動時（比如說立法院的質詢，公開叫陣的選舉對話），政治人物又必須利用這種定義模糊性來擴大自己的優勢與利益。中共就非常擅長這一方面的文字遊戲。

有些政治倫理學者可能主張所有這類依利益導向而「影響」定義的行動都是道德上錯誤的，但我認為這種簡化想法只是哲學家想跳脫實境的浪漫。只要這種定義模糊存在具體利益，就很難從行為中完全消除。甚至「完全穩定的定義」很可能只是某些哲學家的浪漫想像，根本不存在這種狀態。

但在多數狀況下，我認為「讓定義維持一定程度的穩定」是具有正面意義的做法。在民主政治裡，政治人物不應該讓自己所講的言詞太過模糊，因為他在道德上有種責任，要確保選民支持的理由與他的主張有某種一致性，否則就是欺騙。

六、一個靠爸，各自表述

一九七〇年以後出生的台灣人，「靠爸族」實在太多了。這靠爸族又可以分為兩種，兩種的漢字相同，但發音不同。

第一種是「Cowba」族，像連勝文這種人就是族長了，但族人也包括了那些有退休俸老爸老媽可以供養他，或是送他至少一間足以安居之房地產的普通人。另一種是「Cowbei」族，沒有前面那種老爸老媽，只能一天到晚 Cowbei 政府社會企業家的人。這兩者的差別正是一個靠爸，各自表述。

Cowba 族因為有經濟支持，在社會上較有競爭力，不論是天擇（活得爽）或是性擇（找到性伴侶）都常是贏家。他們之中有不少人因此走向懶散或放縱的生活，某些惰化成完全沒生產力的啃老族，有些則變成東區揀屍人。有些還算像個人樣，但還是小放縱成胖子、神豬。

Cowbei 族因為缺乏經濟支持，在天擇與性擇上無法打得過 Cowba 族，在社會資源面也沒辦法和享有權位的老人競爭，但因為至少還有言論自由，可以當酸民，那就東酸酸西酸酸，不但酸遍老人和 Cowba 族，甚至也會酸 Cowbei 族自己人。

其實這兩種族存在於全世界各地，日本也很多，連中國大陸也出現不少，但台灣的問題在於太多年輕人「堅持要當」這兩種人，不去思考還有沒有其他的可能。

像連勝文。只要他站出來，他的豪門人生就會是熱議的主題。外人猛攻他的「神聖家族」，他則以閃躲和無奈的態度來回應質疑。

他說：「換爸爸才能選，我做不到。」的確，他今天能夠出來參選，沒有家族背景，那是絕不可能。離開連家，他只不過是個普通的胖子，連「神」豬都不算。這句話要反過來看才比較貼近事實：「換爸爸，那也不用選了。」

他又說：「未來若當選將捐薪做公益。」那也是因為有家族支持，他才能作出這樣的承諾，所以這句話沒有加分的效果，反而證成他不需工作，吃家裡就能過活。那他怎麼做才能脫離 Cowba 族？不論能不能做到，至少應該把話反過來講：「未來若當選，將只保留自己過去薪資所得購入之物，其餘所有動產與不動產都捐出，將來只領薪水租房子。」至少來點這樣的嘴炮嘛，不要連這種誠意都沒有。

其他比較低階的 Cowba 族也是一樣，要把人生反過來看。除了能養活自己之外，更該想想怎麼做才能反過來讓爸靠。不是要你馬上做到，而是要有那種思考和鬥志。

相對來說，那一大堆的 Cowbei 族酸民、鄉民，又該如何？一樣是反過來想。你沒家產沒老爸，但至少能酸人，代表還有言論自由和時間，那就想想這些僅有資源能產生什麼價值，這些價值要怎樣才能替自己的人生加成。

如果說話沒辦法替自己加值，那就只是在耗損已少到破表的老本，那些可以用來做其他事的機會成本。有人可以罵一罵成為部落客，天天都在試吃試用；有人罵一罵，到最後還是罵一罵而已。差在哪？這就是你要思考的地方。

你不要想說服我那些是邪魔歪道，也不要想去說服誰說某某才是王道，你只要找到能說服你自己「做這件事才有搞頭」的理由，而且真的去做就行。因為最後會被 Cowba 族打敗，變成路邊凍死骨的是你，而我和其他人都只會裝成沒看到，快步閃過一個已經不再重要的人生。

你的人生要自己負責，靠來靠去的不像樣。不論現在是 Cowba 族或是 Cowbei 族，你只有想辦法成為「被靠」的對象，才能真正脫離這兩族沉淪的命運。快去想，別靠了。

後語

對於社會結構的分析，其實有許多可以深論的倫理議題，但我將這些留在第二部再行探討。原因很簡單，這篇原文在網路上發出之後沒幾天，就爆發了太陽花學運，也大幅改變了 Cowba 族與 Cowbei 族的生態與自我詮釋。所以還是把相關的討論往後挪吧。

肆 政治手段

政治手段總讓人覺得存在道德爭議。我在這邊要討論的都是一些不太光明正大的事，但其中的道德評價，卻也不是「錯」一個字這麼簡單。錯，也有錯得「漂漂亮亮」與「豬狗不如」的差別。

通常政治事要反過來看才能嘗得其箇中三昧。所以在「理解」政治手段時，你要帶點邪念，才能解讀其中隱藏的細膩巧思。就「堅持技藝」的角度來看，有時某些壞事，其實還幹得蠻「好」的。

一、選舉詐騙業

很多人問我，為什麼一些根本選不上的人，卻意氣風發的跳出來選。其實這個問題沒那麼簡單，有很多可談的成因，我這篇只談其中的一個「小小的點」。

每到選舉，應該說是選舉前兩三年，就會出現很多選舉詐騙業。這些「業者」會圍繞在各種層級的政治人物身邊，拚命煽動他出來選舉。這些業者通常不是外人，都是政治人物的舊朋老友。

低階的，可以往高階去爭取，反正輸了可以打打知名度嘛！下次選自己原來層級的比較好選。平階的位子，當然要爭取連任或再出發囉，不選白不選嘛，早一點衝才知道自己實力還有多少。高階也有被勸去低階的，因為上面太拚了，下面比較穩，先選個不太會有狀況的。

說實在，真選得到的人，或真要選的人，是煽不動的。他們有他們的計畫，會照自己的節奏走。被煽一煽跑出來的，搞笑成分通常佔了七成。不是說政治圈不能搞笑，而是這搞笑的成本很高，會產生一些倫理問題。

「業者」們之所以會在旁點火，除了少數是吃飽太閒，無聊去戳你兩下，絕大多數都是想從選舉中撈點好處。幕僚費用啦！插點人事啦，或者根本就是想包你整場選舉。選舉公關這個行業現在超不景氣，所以大家巴不得一個市長十個人搶囉！千客萬來嘛！

我過去就是從事選舉的工作，到現在都還有人來與我洽談相關的生意，這是非常獨門的技術，沒有學校會教，你只能在實務工作磨練技術。這行之所以無法成為學院派知識（大學裡面的政治學不是教這個），主要原因是這行業很難維生。一方面來講，國內選舉因為整併的關係而越來越少，另一方面，則是這種行業的削價競爭得很嚴重，利潤很低。但如果能殺到一頭大肥羊呢？那可就吃不完了。

這些被「ㄋㄧㄠ」的政客也不是不懂，他們很多也打算出來騙一筆，先弄點「政治獻金」花花，如果有機會，再來玩真的。「擬參選人」才有理由去開競選專戶，當「糧草徵收人」嘛，沒有個名目，怎麼叫企業吐錢出來？他們最後選掛了，還可以裝成被小人騙的受害者；但說穿了，他們一開始就算沒有騙錢的惡心，心裡頭也多半清楚，這種「報名參加」是可以領報名費，而不是只交報名費的。反正初選被刷掉，就不會噴出去後面的那些錢。那些錢才是真正開大條。

我知道一些靠選舉時的募款過爽日子的退休政客，他們就算不另收黑錢，這些選舉餘款也夠讓他們混上一段很長的日子。因此總會有人一再落選，卻又一再爭取參選。候選人如此想，抬轎的當然也有相同的看法，一拍即合，一場選舉大亂鬥，當然在所難免了。

這整個結構，在倫理上是對的嗎？我認為這與看事情的角度有關。本文一開始，我就用「選舉詐騙業」一詞，讓讀者認為這一整個流程就是不正確的行為互動。但如果以「專業規畫者」代換，那整個流程就會變得比較中性。若以「熱忱的支持者」取而代之，狀況好像就變成正面一點了。

在這個例子中，「錢」並不是道德正面與負面的主要判準，因為上一段的三種用詞都有金錢交易的成分在其中。你會發現某種表面上看不出來的「動機性因素」才是這整組行為之所以是對還是錯的關鍵。但我們通常沒有辦法真正確認他人的動機，在政治圈中，更是難上加難。

要跳進去嘛，你就只能順其自然，在整個流程中憑良心做好事；若只出嘴，就確定自己講話時心有善念。我一堆政治圈的師父，後來都學佛去了。發正念救台灣唄。

後語

跳出來選，必然是候選人自己的責任，幾乎沒有候選人是被架著報名參選的，所以不管別人如何勸進勸退，你決定出來選，就是你自己要負參選的道德責任。勸進者的道德責任相對較低，不過如果勸進者刻意提供錯誤的資訊讓人跳出來選，還是有道德問題。

但我們很難界定什麼是「錯誤資訊」。有選舉過的人都知道，基本上不存在所謂的「正確選舉資訊」。從廠商報價到樁腳動向，從工讀生班表到衛生紙存量，幾乎所有的資訊都存在嚴重的偏誤，而且有經驗的政治從業人員都清楚這種偏誤是無從責怪的。

所以，出來選，還是候選人的責任大一點。

二、鴨鴨的禮貌

二〇一三年底到二〇一四年初最重要的休閒活動，就是黃色小鴨台灣行了。雖然小鴨最讓人印象深刻的，還是桃園與基隆的爆破秀，但藏在小鴨之中的政治角力，同樣也值得深思。

年底轉移到基隆港的小鴨，就出現得標廠商（范可欽）與原創意者〔霍夫曼（Florentijn Hofman）〕之間鬥法的狀況，並且涉及了居中協商的政治人物黃景泰議長。范可欽想要從小鴨身上多搞點生意，但原創者霍夫曼反對這種變更，堅持他的設計原初理念，也反對一切外延的商業行為。但范可欽不肯退讓，堅持合約裡的條文精神並沒有阻止他這麼做，甚至不惜到法院一戰。後來是黃議長居中協調，雙方才大事化小。

很多讀者朋友不懂藝術、不懂法律，也不懂商業，但就是覺得范可欽一幫人做錯了，卻說不出個所以然。到底問題是出在哪？

禮

要說明這種「奇妙的不對勁感」，要從角度切入：「禮」。

在西方倫理學中禮貌或禮儀通常不被視為倫理學的主題，「無禮」代表「行為上的無知」，而不是「道德上的錯誤」，是以許多西式倫理學課本在介紹「規範」主題時，會特別強調「禮」不是「道德」。

但中國不同，孔子以來的傳統，都把「禮」整合在道德之中，沒禮貌除了「行為無知」之外，也代表道德上的錯誤，甚至是人品上的缺陷。我傾向認同這種觀點，雖然有些禮貌或禮儀和道德無關，但「禮」的本質和道德有關，是一種對人的良善態度，這鐵定是倫理學的範圍，而且應該是不論中西哪一種倫理學系統都適用的。

軟

回到小鴨，喔，是大鴨。你看到霍夫曼（大鴨創意人）生氣了，你看到范可欽（台鴨生意人）也生氣了，但你看到黃景泰（基鴨主辦人）低調、客氣，鏡頭前就是三分歉意。

怎麼回事？黃景泰的態度為什麼那麼軟？

有人說他要選基隆市長，搞砸了可不行。這話沒錯。重要的是，那種反應是對的，他是政治公關的老手。不然就是他身邊有老手。他知道發生這種出包狀況時「在地上打滾乞討原諒」是對的，所以他出來頭就低低，「I am soooorry」。選舉？那是後面的事，還管不到哩，現在這個先搞好。他知道一開始的作法「無禮」，所以後面立刻補上該有的禮數。

因此罵黃景泰的人不多，只有幾個深入分析的批評者指出黃議長其實才是責任大宗。而輿論的炮火變成全是范一個人在吸。有人說他是被黃推出來當犧牲打，但我認為不至於如此，因為范也被fire了，還可能賠大錢。范之所以被罵，是他有錯在先，還要強出頭，硬拗回來。

敬

一開始，你可以看到霍夫曼怒的點是「感覺不受尊重」，被「無禮對待」。他的創意是把鴨放大，放在特定環境水景中，讓「小人」們觀看，他認為自己原初的想法在任何一個展場中都應該保持一定程度的完整性。而范可欽的想法是，在你授權之外的，我就可以自己搞，反正「你沒說不行，我當然可以」，我花那麼多錢買授權，當然我可以想辦法撈回來。於是霍夫曼覺得自己被侵犯了。

侵犯不用到法律的層次，光是禮貌上的侵犯，就已經是道德上的錯誤。范（以及黃）一開始的行為就已不夠禮貌。你今天花大錢迎了尊小鴨神，喔，大鴨神，至少要尊重原來的廟公吧？要以禮相待吧？原來廟公說要怎麼拜，東西怎麼放，鴨神怎麼安座，要聽吧？不然你拜的就不是這種鴨神了啊！味道就跑掉了。

至於之後范的記者會，那更是不禮貌的「加成」，其主要意念就是「我買了權利我要怎麼搞隨我」、「其實你那也不是創意，小鴨是全宇宙共同資產」（這兩個論題是矛盾的）。這更是具體的展現了「不禮貌」，因為這就是「出錢皇帝大」以及「你那東西沒啥了不起，跩什麼」的態度，都是台灣人最反感的「沒禮貌消費行為」，也是被我們稱為「拗客」的那種態度。

所以從一開始對霍夫曼本人的失禮，到展現在台灣人面前的無禮，范可欽的表現都不及格。

「禮」原來產生自廟堂，在周朝以後擴散到民間，一直到現在。我們的生活互動模式雖然放棄了大多數的傳統「禮儀」，但「禮」的精神還在。我們就算不知是否該對某人鞠躬敬禮，至少也會在心中帶有三分敬意，瑟縮在一旁傻笑、點頭。我相信多數的台灣人都還保有這種內在本質，這也是范可欽被炮到爆的原因。百姓不懂法律，百姓不懂藝術，但百姓很清楚這種作法明顯不是「做人的道理」。

黃景泰，因為是政治人物嘛，知道第一步錯了，頭馬上就低低的。我不是說他這樣在道德上就是對的，而是至少他「能在政治上生存下去」。范可欽這種抱著律師就以為天下無敵的態度，台灣人會覺得「禮數上沒有到」。雖然他生意還是能做，不過以後大概不會像之前那麼好混了。

後語

看到大黃鴨現象，許多朋友都問我同樣的問題：「不就是把小鴨放大，有什麼了不起？」

價值評估不是全然客觀的，特別是無法量化的價值。你覺得沒什麼了不起，那是你家的事。只要某些人覺得喜歡，價值就能成立，並獲得證成。這種無法量化的價值在倫理學上被稱為內在善或內在價值，只有親自去體驗的人才會明瞭，「用錢也買不到」。這種價值不能計價、不能交換，但可以分享與體會。

鴨鴨所帶來的就是這種內在善。懂的人就是懂，還可以彼此分享這種快樂，不懂的就是不懂，怎麼解說都不懂。你也不能說這種快樂值多少錢，雖然小鴨的授權金的確很貴，但我想其帶來的內在善相當驚人，能「體會」的人就知道，那不是錢的問題。

人渣文本

最後這場小鴨爭議就是被搓掉了，范可欽摸摸鼻子自己認賠。到了展出的後段，又有相關廠商想弄出其他的大雞大鴨來吸引人潮，同樣引起爭議，但應該又被搓掉了。加上效果不好，這些廠商最後也默默認賠退場。基隆小鴨讓相關人等士氣大損，也賠了一狗票錢。

黃議長之後雖然拿到國民黨的提名，卻又因案被取消。桃園的吳志揚也碰到副縣長弊案。只能說轄下小鴨爆炸者，命運皆多舛。或許這也不全然是運氣問題，台灣地方政治人物習於草率處事，出包後再想辦法補破網的態度，才是政局惡化的主因。

人渣文本

三、天燈、神豬、白文鳥：當儀式撞上倫理學

平溪的元宵天燈是每年的重頭戲，但引起的爭議也是一年大過一年，在二〇一四年初，可說出現了評價的翻轉，批判聲第一次遠大於支持聲。而賽神豬的活動，在動物保護團體與客家文史工作者的強力反宣傳下，也漸漸出現停辦的聲音，但支持的鄉親還是不顧眾怒，堅持比賽下去。而二〇一四年二月初台南某保生大帝廟以悶死白文鳥在神像內的方式為神像開光，則透過網民的轉傳後引發眾怒。這三件民俗活動有什麼共同的特質呢？、

我認為這三個新聞話題都和一個倫理主題有關：儀式價值與倫理價值的衝突。

天燈

平溪放天燈有很長的歷史，我大學時元宵放天燈已是人山人海，現場可以數到二十幾校的校系服，足證在當時的大學生中已是熱門活動。近年則有越來越多的一般市民參與，

人渣文本

政府也主導了一些節慶祭典式的天燈活動，亦將天燈做為對海外觀光客的宣傳重點，因此在平日也會有許多人在當地施放天燈。但這些活動除了製造交通混亂外，那些飄出的天燈一一落下後，散布在遼闊的北海岸山區，不但是難以完全腐化爛去的垃圾，更造成野生動物的生存威脅。

二〇一四年反天燈議題的主訴求圖片，就是隻被天燈纏繞致死的貓頭鷹。反對者認為這是沒啥必要的祈願活動，造成了生態浩劫，贊成者則認為這是充滿美感的祈福儀式，且能帶來相當經濟收益。

支持方所持是美學與經濟價值，反對方所持是生物與環境倫理價值。

神豬

賽神豬通常見於客家義民信仰（三峽清水祖師廟算是另一個重點地區），把豬養得超肥來比賽重量，勝者可得賞，而不論勝敗，神豬均用以獻神。贊成者認為這是宗教誠意的表現，也是族群傳統，但反對者則認為此儀式活動其實沒有多久的歷史，與信仰不殺生的原意衝突，甚至只是金錢之爭，或有賭博疑義。

贊成方所持為神聖與經濟價值，反對方所持是生物倫理價值。

白文鳥

以白文鳥開光的爭議，是發生在台南的某間保生大帝廟。為了要替分靈的神像開光，所以在神像背後塞入活白文鳥封死。廟方表示這是乩童降旨，有三百年傳統，反對者則認為通常開光頂多封死一些昆蟲節肢動物等五毒，封入脊椎動物不夠人道。支持方所持是神聖價值，反對方所持是生物倫理價值。

內外在價值對抗

這三組爭議雖然都各有其倫理脈絡，但也都體現出一種少數儀式價值與整體倫理價值對抗時的困境。要說明這個困境，要用到內在善與外在善的概念。前面提過，「內在善」是存在於活動之中，不可量化的價值，如美感體驗、神聖體驗與幸福感。「外在善」是可量化的價值，通常就是可以用錢換算的那些。（兩者的「善」字都是英文的 goods，指「價值」而不只是道德的善。）

儀式是人類社會中的重要成分，我們從中取得很大的「內在善」，也就是潛藏在活動之中的價值，只有活動參與者或是能解讀的人才能瞭解並掌握這種「善」，旁人無從得知或體會。

上述三種儀式的操作者，他們顯然都能從中體察出這些內在善：看到數百天燈冉冉上升的感動（美學價值）、賽豬時對於感通神靈的欣快（神聖價值）、以及開光完成後神座的靈威莊嚴（神聖價值）。

但反對者讀不出內在善，或是貶低這些內在善的價值。他們只看到活動中充滿「外在善」：就是錢。放天燈是為了賺錢而破壞環境，賽神豬是為了賺獎金和賭錢而虐待動物，放白文鳥進神尊，只是為增加神像要價而已。金錢本來無對錯，但若與某些生物的痛苦與死亡綁在一起，這些外在善就開始變得醜陋。

對於旁觀者來說，生物的痛苦與死亡可能引起「非金錢可計量」的負面的價值，也就是內在善的對反（但並沒有「內在惡」這個詞），這種厭惡感匯集之後可能相當巨大，會壓過支持儀式者在這類行動中的內在善。

所以你看到保生大帝廟很快就軟化了，整體社會只是透過輿論就讓他們屈服。這可能是因為其背後的內在善與外在善（金錢利益）都很弱、很小，所以他們不認為這是很重要的儀式，願意放棄。

賽神豬的存廢仍在拉鋸，但看來正往廢止的方向走。客家社群有不少人反對這種活動，造成一股強大的推力，因為這些客家反對者們是「局內人」，他們能讀懂客家人的內在善，並指明這種活動沒有啥內在善，這對活動舉辦方就會形成很大的壓力，因為如果他們仍堅持舉辦，很明顯就只剩下「外在善」（錢）的理由。

策略對局

天燈尚在衝突的起始點。還有許多人認為此儀式有意義，但也有越來越多的人認為此舉無內在善。我認為反對方如果要取勝，並須具體證明這個活動完全沒有內在善，或其內在善非常稀少；這顯然不太容易，因為天燈起飛時的美感確實很容易感動人心（至少和神豬比起來是美的，除非神豬也全部飛起來）。而美感是很重要的內在善體驗，和倫理方面的內在善經常難分勝負。

儀式支持方也不是全然沒有勝算，他們的重點應是強調儀式內在善的卓越之處（美到什麼程度，以及可以為這種美犧牲到什麼程度），並想辦法讓社會大眾理解這種內在善，而不是強調其外在善（錢）方面的成就。

但這些儀式的支持者們，特別是主辦者們，卻往往只強調儀式的經濟利益很大，來企圖保衛這儀式（「對平溪的經濟發展很重要」）。這種論辯必然會失敗，因為他們想以外在善來對抗內在善，甚至以外在善「交換」（買下）內在善的損失。但內在善往往會是我們社群認為「不能也不該買賣的東西」。

你一直強調放天燈可以帶來多大的經濟利益，並不能取代或對抗貓頭鷹慘死照片替觀者所帶來的痛苦與厭惡感。因為外在善（錢）只會由少數人佔有，但內在善卻是由識者所共享。神豬的鬱悶是如此，白文鳥的慘叫是如此，這些都是經濟利益所難以說服的。錢是你在賺，痛苦卻是其他人共同感受。

因此我並不看好這些儀式在將來的命運。白文鳥在內的神像，大概真的會就此消失，接下來是神豬，再者是天燈。其一一消逝的原因，並非眾人不尊重這些社群的內在善，而是因為這些社群先以錯誤的角度來建構與捍衛他們的活動。

當你們只以錢來構築這神聖美好儀式的同時，就已宣告它們的終期將至。

後語

雖說政教分離或政教分立，但台灣的政治人物長期需要且支持地方宗教或儀式活動，是一個既成的事實。一旦這些活動產生道德爭議，或與更大的社群道德標準產生衝突，政治人物應該採取何種道德立場，值得深思。

他應該保持中立，站在協調者的立場，努力求得最大公約數？還是因應多數選民的付託，對宗教團體施壓，而禁止（停止贊助）民俗活動的舉辦？又或是為穩住樁腳而堅持力挺這些傳統到底？

在倫理學上，我們或許會採取比較開放性的態度，認為這是政治人物的個人抉擇。但話說回來，這種衝突在將來可能越演越烈。政教分立，或許只是永遠的期許。

四、對人不對事

我經常講，我只反馬英九，不太反特定議題。從核電廠到自由貿易協定，如果換個人做同件事，我可能就會支持。批評者當然會質疑：這不就是「對人不對事」嗎？

的確，但我還是堅持我個人的主張。我比較驚訝或自責的點是，過去竟沒想過「對事不對人」與「對人不對事」的道德價值。在台灣社會中，我們總是直覺認為「對事不對人」才是正確的態度，「對人不對事」是錯的。不過這觀念又是從哪來的？

依其文法，我懷疑這是外來語，但因為沒有證據，就不深論。我認為肯定「對事不對人」的倫理態度，是非常強烈的「行為倫理學」立場。行為倫理學的主張者認為應該把每一次或每一類的行為獨立出來分析，去除行為者的個人特質，以客觀角度評價行為本身。因此再怎麼壞的人，如果他禮讓老太婆過街，那仍是值得肯定的。

我所屬的德行倫理學則抱持另外一種立場。我們認為養成良好的氣質傾向，也就是擁有良好的人品，才是道德的重點。「人」才是倫理思考的核心，因此這派又稱為「行為者倫理學」。

行為與行為者

所以，應該「對人不對事」嗎？的確有這個味道在。一個品性卓越的好人，如果一時判斷有誤，做了錯事，那麼只要「有過而改」，「不二過」（不犯同樣的錯），那也沒有太大的責罵必要。

若把「行動」分離出「個人」來觀察，那「不二過」的意義就會變得很莫名。是「誰」不犯同樣的錯？「不犯同樣的錯」是哪種行為狀態？他是「不行動」呀！

因此「對人不對事」不見得是錯的，反而較接近正確的倫理判斷態度。當然，這不是要你一〇〇％都「對人不對事」，我主張在大多數狀況下，你應該對人不對事。在不清楚對方身分特性時（缺乏對個人的判斷依據），比如說碰到陌生人，那才應該「對事不對人」。

而批評馬英九呢？大家對他的印象夠深了吧，瞭解夠多了吧。他可不是大家沒看過的陌生人，他天天都會四處跑跳，出現在所有報紙和電視台。我們對他一日一鳥事可是非常瞭解，也早已可從他的一日一鳥事回推到他的品格問題。對於他，我們當然可以「對人不對事」。

這不是說對他做的任何事都直接否定，他還是會做出一些「好事」，但這些好事也會因為他的品格而蒙上一層陰影。我們會懷疑這是睿智思考下的決定，還是剛好矇中的，或只是直覺或常識的道德規則，比如說禮讓老人先行。

當牽涉到深層思維（像是重大的政治決定）時，他的品格會成為我們考量的重點。我們會懷疑這些過程不透明的決策，其產生機制是否合理，其動機是否良善。這些懷疑在倫理學上都可成立，不需太多的直接證據，因為這質疑就是因缺乏直接證據而生，其主要依據就是過去對於當事人的品格觀察。

扭轉

我想直到現在還是有很多人肯定馬英九的「清廉」。這是一類行為特質，顯然不是他全面人格的整合型優勢。我們在許多角度上會對他抱持懷疑，包括「睿智」、「仁慈」、

「勇氣」。其在整體上的缺陷，讓我們必須以「對人不對事」的角度來看待許多事情。

請注意，我們並不是一開始就對人不對事。反馬人士也是歷經了許多「事」，才漸漸確立應該要否定他的「人」；因此要逆轉這種狀態，至少需要做出同樣等量的好「事」才行。他要挽救這種負面評價，所剩時間已經不多了。

所以並非「對人不對事」就一定是錯，有時這是比「對事不對人」要來得更深層的思考。我也不否認某些「對人不對事」是「起源謬誤」，根本不瞭解那人的狀況也在亂罵，這當然是不適當的切入角度。

話說回來，像這類「感覺很有道理，其實非常有事」的俗語很多。最近我叫學生去查「少數服從多數，多數尊重少數」（大家都知道的民主定義）的真正出處，至少是前半句的出處。到現在還沒人找到孫文以外的來源。

後語

我們生活中有許多俗語或名言，雖然看似成理，但往往經不起深厚的推論思考。通常只要進行一些脈絡性的拆解，或是將其適用範圍推展到一定程度，就會產生倫理價值的逆轉。

這是因為這類名言都是簡化語句，而對於事實的價值判斷描述如果要準確，就必須非常細瑣，排除許多特定狀況，並立下許多但書。雖然簡化語句可以成為生活多數時間運用的簡便原則，但在面對道德衝突時，這種語句經常是無能為力的。

五、一定要成為顧問王

馬英九的專長之一，就是蒐集一大堆的顧問團。像是成立未久的青年顧問團，還有自己本來就有的錦衣衛顧問團和內侍顧問團，加上國民黨內建的老人顧問團與超級老人顧問團，以及工商界的凱子顧問團，農漁界的土豪顧問團，軍警的戒嚴顧問團，還有單純只是來吃便當的湊人數顧問團，一次擁有老中青三代十方八界的一缸子顧問，可說是全民顧問化，毫無疑問可以勇奪「世界顧問王」頭銜。

他搞了那麼多顧問團，你一定會質疑，他真的會聽這些人的意見嗎？我必須強調，他真的會聽這些人的意見，不過是物理學上的聽。的確有一些聲波會抵達他的耳朵，要注意，是他的耳朵沒錯，不是他的鹿茸。但他的記憶體很小，大多數的聲波所轉換成的神經信號，其實沒有辦法儲存，或是存了很快就會被覆寫。

因此就算這些人真有講出個什麼鳥，他大概只會記得十分鐘，或是寫在小筆記本上後幾秒，就已經看不懂自己在寫什麼了。

人渣文本

但大家千萬不要因此覺得灰心，因為這些顧問發出的聲波，其實也沒有太大的意義。為了彰顯馬王朝清廉的特質，這些顧問都是「榮譽職」，就像一般的「榮譽ＸＸ」一樣，除了到場簽名，舉手哭哭，離場哈哈，領便當卻不會死之外，沒有太多的實質作用。

所以聽的人聽不進去，講的人也講不出什麼東西，那這個機制，我們應該怎麼理解呢？很簡單，它當然就不是一個政策諮詢機制，也不是決策擬定機制，而是一個社會福利機制。

用社會福利的角度來瞭解，就通了嘛！一個老人沒有人緣，沒人想和他講話，那你就弄來那些平常不知道能幹啥的人，去陪這老人講話，不是很好嗎！這個老人可以天天開心，而這些陪聊的，除了便當外也可以分個頭銜印在名片上，皆大歡喜！營造這種老有所聊，壯有嘴炮，少有頭銜的大同世界，就是社會福利政策的目的嘛。

所以大家對於總統一再增加顧問團的動作，就不要有太過激的反應了，這是台灣邁向福利國家的重大方針之一。說不定這種顧問團的數量，很快就會列入瑞士洛桑管理學院的競爭力指標中，管爺們不是才說這排名因為太陽花降一點嗎？剛好可以補上去。

我知道一定會有高僧大德在看完這篇後指責我，說是總統大發善念，願意開恩傾聽眾生疾苦，怎麼還沒起頭，就嘲笑人家呢？這樣不好，不好。

我的回應是，在這個老頭子有LP單刀直殺陳林（陳為廷、林飛帆）等一干反賊聚會的熱炒店當面坐下來直接談之前，他做什麼都是在裝孝ㄟ。「面對它，接受它，處理它，放下它」，連面對都不敢，六十幾歲還在逃避現實，找一堆陪聊來坐檯壯膽的人，只是個活該被嘲笑的爛咖而已。

自己的爛攤自己收，不要找年輕人來幫你掃大便。

後語

強大的專業顧問團與幕僚群，對於政治人物來說是必要的。馬英九就是敗在與顧問和幕僚的互動不足。一個人不可能擁有各方面的知識，因此再怎麼博學的政治人物也需要值得信賴的知識庫（智庫），並與之有穩定的交流。

信任是在此產生作用的關鍵德行，然而建立信任需要很長的時間。馬英九信任的幕僚非常少，多數臉孔來來去去，雖然總合人數甚多，信任指數卻非常低。如果連小朝廷中的小小朝廷都沒有信任之德，如何外展建立更廣大的信任基礎呢？

數字不是信任，真正的信任是無法用數字衡量的。

六、論十八歲投票

我支持修憲把投票年齡改為十八歲。我也認為，反對修改的人，不是沒想透徹，就是有政治企圖。知道年輕人不喜歡他，或是年輕人選出的代議士會影響到他的社會權利（比如說福利被刪減）。我之所以這樣主張理由呢？以下就來仔細談談。

有能力與被允許

在過去的漫長人類歷史中，「成年」，也就是成為一個完整的人，有許多不同的標準或方式。最常見的是年齡標準，各文化不同，從十三歲到二十幾歲都有。多數文化也附帶一些成年禮或儀式，但現在這些儀式已經慢慢觀光化、節慶化，在多數文化中失去其必要性。

近代各國立憲後，成年的標準就固定在特定的年齡層。台灣因為各種法律的差異，有十八歲的標準，也有二十歲的標準，還有一些比較少用到的年齡標準，都可以視為是成年的年齡標準。

不管哪一種標準，我們要思考某種年齡標準「合不合理」，就需要先思考這個標準的「用途」是什麼，怎麼產生作用。投票的二十歲年齡標準，其用途是什麼？「成年」可能有兩種意思，第一是「有能力從事某些行為」，第二是「被允許從事某些行為」。投票權是哪一種？

我相信比較接近「被允許」，而不是「有能力」。如果從「能力」角度來看，會引發一些充滿謬誤的論證，比如說「不以年齡，而以通過能力測考而授予投票權」的作法。

有些人反對以年齡來區劃擁有投票權與否。他們認為每個人成長速度不同，有時老人表現的很幼稚，有些人則非常早熟。年齡限制會讓前者有投票權，後者沒有。你可以想像有個十三歲的小孩比馬英九睿智，他卻因為年紀小不能投票，馬英九卻可以投，這是多可惜的事。就算這種小孩不多，仍然很可惜。但說不定這種小孩很多。因此年齡限制太過武斷，我們應該採取能力測驗的方式，比如說只要通過公民知識測驗就可以擁有投票權。就像考駕照一樣。

但反對能力測驗者將指出，任何測驗制度都不完美，對於公民政治權利這麼大的主題，我們不知道哪些知識是必備的。這可不像考駕照，薄薄一本可以解決。

而且誰來出題呢？如果由國民黨來主辦測驗，你可以想見通過的都是些什麼人了。就算盡量找來客觀的出題者，我們還是不知道哪一種題目可以排除不夠格的投票者，在「投票」這個政治學主題中，還充滿著各種意識形態爭議。

因此我們必須回過頭來，肯定年齡限制是有其優點，就是「方便」，一刀兩斷，我是允許你，而不是證成你有能力。雖然會有誤放（白痴獲得權益），但很難有誤殺（被不正當取消權益）。有些人的權益看來因此有所犧牲（比如說那個比馬英九聰明的十三歲小孩），但這不是永久的犧牲，你長大還是可以投。而且這種方式可以節省巨大的測考成本，也可以確保投票資格不會受到政治力量的篩選而難以取得。所有人就是時間一到，就可以投票。

解決方案

「年齡限制」是非常具有實質效能優勢的一個「解決方案」。但由此推論過程，大家也很清楚，這個標準本身並沒有什麼神聖性，也不會有太多的科學性。你要嘴炮說這個標準多偉大多科學，一定是唬爛。

為什麼？因為你要進行「十八歲是否已夠格下政治判斷」的大規模科學研究調查，都一定會碰到研究設計上的困難，這困難和前面所提到的「我們無法確定不夠格投票的條件為何」的困境緊密相關。二十歲和十八歲的年輕人到底差在哪裡？或從政治的角度來看，兩者到底差在哪裡？

要設計出一套能說服所有學者的調查，難度高到不可能。我們只能說，在這主題上無法提供非常具體的科學證據。十八歲的年輕人和二十歲的年輕人，在政治本質上的差異非常模糊。而且在科學之外，如果你在意識形態上已經認定十八歲可以有相當程度的自律能力（依刑法標準），那你就沒有（基於公益）理由去指稱十八歲沒有資格投票。

所以我認為把投票年齡下修到十八歲很合理，也沒有像樣的反對理由。如果有人還是反對把投票下修到十八歲，唯一的理由就是，讓年輕人投票，會對他不利。這是基於自私的舉動。這能不能說服大家呢？就讓這個議題攤在陽光下吧。

後語

我在這篇文章只有批判，而甚少立論，主因是目前投票年齡訂在二十歲，就單純只是為了「方便」，沒什麼好的理由。因此如果十八歲也一樣「方便」，那當然可以移動到十八歲。

而我只談「十八歲」的選項，而不是十四或十五歲，是因為刑法上也肯定十八歲的人是「某種意義下的完整的人」，它是個現成的標準，而且社群意識形態也支持。

那如果十八和二十歲都是一樣方便，且社群意識形態都支持，那為什麼還要改成十八？因為改成十八會有較多的人參與政治，當代政治哲學的共識是擴大社會參與，因此應該改成十八。

有些質疑者會提出為何不改至十六呢？甚至十四歲？因為修改此點涉及民主機制，需要獲得足夠的民意認同，我認為這麼低的投票年齡，在當前的台灣還無法獲得廣泛的支持，但說不定在我們有生之年就可以看到這樣的調整。

那會不會有朝一日，我們會讓嬰兒也可以投票？這很難講，我不敢斷言，只能說就現況看來，民意不太可能同意年紀小於國民教育程度者獲得投票權。不過，一些歐美的政治哲學家已經在討論非常聰明的電腦和基改動物算不算是「人」。如果「他們」都可以算是「人」，那應該也有投票權。

十一歲小孩不能投，但五歲的基因改造狗和上市三天的機器人可以投。你做好心理準備面對這個未來世界了嗎？

人渣文本

Ninjia Text

第二部

太陽花學運

壹 太陽爆發

二〇一四年三月十八日，於立院外舉行的「守護民主之夜」晚會，在晚間九時許突然情緒升高，部分社運人士與學生衝入立院並佔據議場，同時透過各種網路媒體召集支持群眾加入抗爭。警方於十九日清晨前的數度攻堅議場失敗，學生與警察開始分別建立防線，立院場外也擁入大批支持學生群眾，在十九日晚間已達萬人。持續二十餘日，影響巨大的太陽花學運，就此展開。

一、攻城的鬱悶世代

我這學期的修課學生總數，約有七百五十人。我在教室容量許可的範圍內盡可能加簽，才會這麼多人。也因為這樣，我每週都要批改如山的隨堂作業。每一張紙，都代表一位用筆與我溝通的學生，他們一週週的不斷藉此講述自己的人生。每學期的修課人數都在這數字上下。看了這麼多年的作業，從這些學生的字裡行間，一種無可奈何的鬱悶感越來越強烈。從幾個人，傳到一整間教室之內，再從這個學校，擴散到那個學校。

三十五歲以下

他們是三十五歲以下的鬱悶世代。

有些人問我，為什麼這次的服貿抗爭，大學生會這麼激動。我認為可以分兩個層面來看，大社會層面，和小集團層面。

在大社會中，年輕世代都鬱悶。不管他們怎麼努力，月薪都是兩三萬。而那些同一個工作場合中，廢得要死的老人，卻領個五六七八萬。

老人會說：你慢慢做，慢慢等，好好表現，就可以有這麼多。

但老人的話，這些年跳票得太嚴重了，年輕人不再相信。主政的老人，公司主管的老人，一堆沒用廢物，不然就是騙子，只想壓榨人。領固定高薪的人，振振有詞談一些理念時，年輕人還會應個聲，拍個馬屁，但私底下多是不屑的眼神。這幾年一路下來，這種欺騙與無能感越來越烈，終於，鬱悶不言的年輕人，隨著立院的防線一起崩潰了。第一波的學生打進立法院後，無數的學生主動增援。他們從鬱悶的小空間冒出來，服從、團結，有序。

「我們會做事，而且說到做到。」他們想傳達這樣的概念。所以破城之後，會扶門。做垃圾分類。在場外保持冷靜自制，甚至還區分翻牆進、出立院的路線，進行交管以免「交通堵塞」。

「我們比你們強。你們這些老廢物。」

老人們辦的活動，能有這種文明程度、自制力嗎？現實就是沒有。阿就沒讀過這些大學才能學到的社會運動理論，怎麼會有啦！一堆衝車戰車大將軍是能有什麼文明啦！

當民進黨政客匆忙、落魄的抵達現場時，這種「有能」與「無能」的對照突顯到極限。王建煊這老頭還幽幽地說「年輕人被政客利用」，但有眼的都看得出來，是年輕人跑給政客追了。洪案的「公民1985」就已經證明過一次。

類似王建煊的言談所在多有，雖是想顯示自己的真知，但只再次證明老人的無知、無能與無用。我談大學生、罵大學生，導致一堆老人見到我，就附和著罵年輕人。我其實是尷尬居多，因為我很清楚知道，你們這些老頭比我的學生廢多了。你們只是早出生，佔了一堆資源，才能在那囂張。

王建煊一個月領多少錢？他又做了多少事？我看應該比送宅急便到監察院的阿弟仔還沒有貢獻。

馬英九就是「廢物老人」這種符號的極限。他的一系列言談，讓這種「反老」潮逐漸升起，終至高點。依我對馬英九的認識，看他談「鹿茸案」的神情，我認為他是真心以為鹿茸就是耳毛。這已經完全超過年輕人忍耐的極限，成為壓垮他們的最後一根耳毛。

老人說什麼，年輕人都不會信了。因為他們太廢了。馬英九不能代表老人？誰叫你們全護著他，和他玩一樣的遊戲？

集團

這時出現一票年輕人。這是我前面說的小集團層面。這些學運份子一直都是充滿爭議的人物，但他們能打，而且一直打。不只是五六七八個人而已，他們有一個學運的圈圈，而且人數高達數百人。他們透過大量的讀書會、演講會、現場活動來集結練兵，形成有經驗、有理論、意志超強的戰鬥團體。

說件真實的小事。有次我要借學校的空間，搞我自己的「小圈圈」，但發現好時段都被這些人的分支團體借走了。去找他們的老師協調，才得知他們一借就是整個學期，固定開會論事。他們是玩真的。所以他們才能這麼有戰力，有組織，能對立院「一球入魂」。

他們有軍隊的整齊，同心聽令，自然能一舉衝破那些（可憐、被拗、最菜的）警察防線。沒有其他團體有這種的組織力，更別說是意識形態對立面的那些。當我看到什麼抗獨史還是什麼陣線辦活動，總共只來七個人時，立刻噴飯。我帶學生去健走，從輔大走到基隆，這麼烏、這麼苦的爛事，都有七個學生參加。你們這些「團體」是在衝三小？沒有朋友嗎？平常沒經營人脈嗎？講話沒人理嗎？

二十年前我在台大的時候，國民黨還有動員力，可以動出十幾二十個人做事。幾個學校加一加，應該也有百人之譜。現在呢？你是能弄來什麼狗屁人？

當年有這種力量，是因為黨還會給錢，對黨有熱血的年輕人也有一些。現在支持國民黨丟臉死了，你是要去哪邊弄人？只有一些外省第三代和軍公教子弟，而這些人多半是因為身分支持而不是理念支持，不會論述也不能打，更大的問題是自我意識很強，每個都想當意見領袖和先知，不願當小兵。

七個人？幫幫忙好不好。

執行

一邊太強，一邊太廢，產生一種靠大邊的效應。原本不太親學運圈，沒那麼認同的人，因為另一邊實在太白痴，而開始往學運側大規模的靠攏。

而老人與老人的支持者，則因為人力不足，越來越像廢物。政府當局無能，連操作媒體者也無能。許多反學生的媒體新聞一上線，就被年輕人轉寄罵爆了。弄這種反效果新聞，不如不要弄，你就算能唬到人，也是唬到那些老人。

「你們」實在太廢了，拜託點好不好。

當你指責「民粹」的時候，不代表你是菁英，只代表你講話沒人信，還嫉妒人家講話有人信，嫉妒人家叫得出人助陣。當你指責學生本分就是好好讀書的時候，我想請問你「本分」是什麼？連「本分」是什麼，從哪來的都不知道，還可以講那麼多？那不就是廢嗎？學生沒領薪水，你還有領薪水咧，那你有把「本分」做好嗎？由誰來判斷做得好或做不好？你有資格嗎？我有資格嗎？誰有資格呢？

你質疑學生可以佔立院，那以後大家是不是都可以佔立院？那你要打得下來呀！你、要、打、得、下、來、呀！幾十年來只有打下這一次，你以為說打就能打下來喔？你只有七個人是要打個屁啦！要軍隊去鎮壓暴民？你的軍隊在哪裡？我認識的幾個年輕的職業軍人，一向對於社會運動、公民運動多有不屑，但這次卻激憤起來，表達出對攻佔立院的「強烈支持」。你要動哪門子的軍隊？你以為軍隊的年輕人就不恨軍隊裡的廢物老人嗎？騙人沒當過兵嗎？

看個新聞就相信，那不是廢嗎？政府講什麼都接受，那不就是廢嗎？

就是廢。年輕人看看裡外，發現有資源，有權力，訂規則的人，都廢透了，太難看了。他們鬱悶，然後潰堤。

不要出來強調什麼你知道有些老人很厲害，我的講法是以偏概全什麼鳥的。那你有沒有辦法解決馬英九這個廢物造成的問題嘛？年輕人要的薪水你有辦法給出來嘛？他們老的時候各種保險會倒掉嘛？

不知道？沒有辦法？所以鬱悶世代就自己出手。他們就是沒有飯吃、覺得被騙，你不解決事實問題，一直在那邊講，講講講講講，爺們講講聖人講，聖人講講鹿茸講。嘴巴講講就想服人，沒有用的。

就是你這種死不認錯的嘴炮態度，把年輕人逼到用攻城梯去破城的。還想狡辯？

後語

這篇文章有許多背景成因。

第一，在太陽花學運的早期，許多參與學生需要對自己行動有某種詮釋，可是他們沒有能力完成，所以我代他們出手。第二，這是我本來就想闡述的一種世代衝突背景脈絡，但之前一直沒有足夠的事實來證成。第三，許多與我同齡中生代也有同感，就算他們已經非常有社會成就，卻也抱持如同這篇文章的相同觀點。

人渣文本

這篇大概是我有史以來最受歡迎的文章，各種轉載版本的總點擊超過六十萬次以上，雖然廣受歡迎，但也受到強烈的批判。

這文章受歡迎的點在於我刻意迎合年輕世代的價值觀，當然，其受批評的點也在於此。但這不是一篇公正的政治評論文章，這是一場戰鬥的「文宣」，如果要受質疑，應該從另一個層次（也就是這種宣傳品是否妥適）的角度來切入。

某些企業經營者在讀過此文後，對我表達強烈的「懷舊鄉愁」。他們普遍認為，這些年輕人將某種他們曾經妄想卻沒有能力做到的事，以不可思議的能量表現出來，他們感動莫名，於是大力掏錢支持。而這些企業家和他們的權力本身，正好是這次運動對抗的對象。

這就是太陽花的矛盾性。兩個自己的對決，才能有這麼巨大的浪花。

二、色色的島

我這篇要談「挺服貿」與「反服貿」的對立，而且以倫理學來切入。在各層級的討論中，挺服貿與反服貿有一個關鍵的立場差異：「不怕競爭」與「失去保障」（先跳過兩岸政治問題不談）。

擁服貿者不斷強調不要怕競爭，自由競爭才能創造更美好的未來。反服貿者認為這個協定會讓台灣年輕人現有的弱勢更加強化，以至於陷入更惡化的勞動環境。我們跳離服貿，進到更大的自由貿易層級去。

競爭力

台灣現有具備競爭力的人，或具有國際競爭力的人，有多少呢？這數字其實抓不出來，因為我們無法取得一個適當的計算量表，但我們可以抓個目前離境就業（包括來回大陸的飛人）人數，大約五％（這代表有一百多萬人，就算以就業人口算也有幾十萬人，實際可能不到，先抓多一點）。

有很多這類的優秀人才一直在台灣工作，沒被挖到會趴趴走的公司或部門去，所以把這數字乘三倍，算十五％好了。就假設台灣有十五％的人是在「自由貿易的世界中能活得比現在更好的人」，我相信這樣的假設值是很高估的。那剩下的八五％呢？他們有些在自由貿易的世界中收入或許和現在差不多，有些則會更差。除了經濟外，他們也可能必須面對更多的文化挑戰（比如說外國人湧入。像大家最在意的阿六仔）。他們很可能會過得更不痛快。

自由貿易會讓強者更強，弱者更弱，所以看來會「極化」現有的台灣社會結構。那這八五％，他們要怎麼辦？我們在自由貿易發展之下（不論是對哪國的自貿），對這些人的保障是什麼？不需保障？他們沒飯吃會暴動的耶，現在啥都還沒發生，立院就打下來了，等到真的沒飯吃時，我看行政院的雙子星會變大型火把，大家可以圍著跳營火舞。

處境與意見的矛盾

值得注意的是，挺服貿的人，很多並不是在這菁英十五％中（就數學上來講，挺服貿就算只有三十％，也還有多出來十五％吧）。他們只是「以為」自己有競爭力，但因為一直躲在關稅保護傘下，從來沒有面對真正的競爭過。

他們或許天生樂觀、浪漫、有勇氣，但這些人格特質往往會被我們視為與愚蠢同步。他們很多人其實完全沒有競爭力，侈言跨國競爭，卻連國境都沒離開過。

弔詭的是，反服貿的人，很多就是有競爭力的十五％。將來不管怎樣，他們也活得下去，只因為覺得其他人很可憐，所以出來大聲疾呼。這就是為什麼總有人問那些鬧事的多是台清交成政的學生。他們之中大多數根本餓不死好不好，一堆人英文好到明天就可以直接說掰掰出國去混的。他們只是大發善心，卻被當鬧事小孩，呃，一個將來產值可能是你一百倍的鬧事者。

這種「菁英 V.S 普通」結構不可能短期改變，也不是透過教育就能讓我們的全球競爭力人才從十五％「ㄆㄧㄡˋ」一聲變成五十一％。大學擴張（幾十所變一百六十多所）就是抱持這樣把餅做大的想法，結果咧？結果咧？結果咧結果咧？餅還是一樣大。

這牽涉到社會結構。你就算真的生產出一大堆美國 Top100 程度的台灣大學生，你還是有一大堆沒競爭力的歐巴桑歐哩桑要處理。把他們燒掉嗎？應該要先設計保障機制才對，但政府卻先設計開放機制。

最大化最小值

我不喜歡自由主義者，但仍覺得他們的觀點可以給外人一些啟發。他們曾提出「最大化最小值原則」，這個原則有很多解釋與運用，但其起心動念是這樣的：人對於未來無知，所以會將部分資源配置在最保守的策略上，也就是買保險。人在制度設計時會把部分資源分配給社會中的弱者，這是因為擔心自己萬一出了什麼事時會淪入社會的最底層，求生不得求死不能。

像是你現在很屌，能賺很多錢，但你也會擔心突然出車禍、半身不遂而淪入社會底層，所以你會在政治與公共資源配置上設計一些社會福利與社會救助給身心障礙者。在這些自由主義者的想法裡，人當然有智愚之分，但也都會有點基本的理性，可以坐下來討論，得到一些近似的結論，而這個「最大化最小值」原則就是所有理性人在制定規則時會認同的共通原則。

但在現實中，拚命為弱勢著想，且覺得自己可能弱到爆的人，其實多是智者和強者，因為智者和強者會檢討自己，關懷他人。笨的人不會買保險或避險，他們覺得自己贏定了。所以才叫笨嘛。

提出這套理論的羅爾斯本人就很聰明，所以他能想出這一大套理論，也認為人人都應該會想買保險，且優先買保險。在這社會上較聰明的人，通常保險買得最多，不論是真的壽險產險，或是一些資源（包括時間）的避險配置。他們不會把雞蛋全塞在一個籃子裡。

但很多批評者也指出，並沒有那麼多人會去「買保險」。買保險不見得是所有理性人的共識，社會上有許多人把資源都配置在冒險事業上，即便這些人往往被我們看成勇氣有餘而智力不足，但他們確實存在，而且數量甚多，可能多到足以影響規則的制定。

矛盾就產生在這。不過基本上，以為自由競爭必然有利，而把資源都投注在冒險事業者，其實只有少數能成為成功的企業家，多數可能是弱勢，他們才是會被自由市場淘汰掉的人物。而一直強調保險制度設計，主張強化避險種類與結構者，其自身往往較有競爭力。他們一方面是擔心自己某天失敗淪入底層，另一方面也怕其他失敗者會動亂，影響到自己的權益。付給弱勢者的資源，也算是一種「保護費」、「維穩用途」。

很多官員學者認為反服貿或反自貿者是「弱者」，應該要「提升競爭力」。提升競爭力固然沒錯，但誰強誰弱，其實沒那麼簡單二分。你「覺得」自己有競爭力，不代表你「真的」有競爭力。

真正的強者總覺得自己很弱，也會扶助弱者，而被扶的弱者卻甩開強者的手，大呼：「你拉我幹嘛？性騷擾！色色！」

台灣，就是這樣一個色色的島。

後語

在太陽花學運的現場，由台北大學社會系師生所進行的參加者田野調查《誰來太陽花？太陽花學運靜坐參與者的基本人口圖像》，在某種程度上支持了我的「推測」。儘管我也是從自己學生的小樣本中去進行推估，但他們所進行高達千人的大樣本調查，應該要準確得多。

雖然多數參加者可能只是相對平均質要「優秀」一點，但我認為太陽花運動的核心推動者，不管是哪一種出身、背景或派別，都非常的優秀。當這群年輕人產生共識而行動時，其動能連一堆中老年人都難以抵擋，甚至深深為其著迷。

有政治圈的朋友告訴我，學運發生兩三日後，有政府高官站在附近的大樓制高點「欣賞」學生的人力戰術布署，再對身旁的警政高層搖搖頭說，「這是徐蚌會戰的翻版嘛，你們放棄吧。」

這些政府官僚平日總是高高在上，不可一世，這句低頭一嘆，可說是一百分的肯定了。

人渣文本

三、鹿茸、香蕉、太陽餅

看到標題，或許你已經知道我要談什麼，但請你先回想兩件事。在不去查任何資料的狀況下，你是否還想得起來以下兩件事：

三月二十二號，江宜樺和學生見面，他講了什麼？

三月二十三號，馬英九開中外記者會，他又講了什麼？

想不起來對不對？我相信大多數的人都想不起來。這就是問題，因為我講鹿茸、香蕉、太陽餅，你馬上就想得起來，而且能講出一大篇故事。當然，還是有些人不知道這三個梗是什麼，這也不是他們的錯，因為這的確不太重要。

鹿茸是馬英九的代表作，他認為鹿茸是鹿的耳毛。香蕉是邱毅代表作，他指立院發言台上的向日葵是香蕉。太陽餅是蕭家淇，抗議者被打，但他關心的是自己的太陽餅和屏東的蛋糕被人吃了。這三個梗在網路上廣獲嘲笑，但因為實在蠢過頭，許多人懷疑怎麼可能有這樣的事，一定是陰謀，是金溥聰的什麼神秘計畫，為了要轉移焦點。

又是陰謀論

我只能說，各位想太多了，他們有這些表現，都是正常狀態，因為你們沒加入過國民黨，所以不能理解而已。

他們如果有這個陰謀腦，就會想辦法讓自己「想講的話」，也就是讓那些公開談話，能夠被得知和記憶。但實際上被記住的都是他們的蠢事。這些好笑言談也不像那些憂心者所言，真會蓋去統治者的失敗與錯誤，我認為這些蠢話反而會強化統治者與百姓的分裂。

原本國民黨的反對者，會對此大加嘲笑，並強化反國民黨的信念。這麼蠢的人還想告訴我們服貿是好的，有沒有搞錯？誰會相信？對於政府高層的信任感會更加薄弱。

這些事件也會刺激國民黨與服貿的支持者，讓他們更加的支持國民黨，原因是「見笑轉生氣」。他們多少也會察覺這些論述的錯誤之處，但自己是因身分或職業支持國民黨，無法與國民黨完全脫鉤，只好忍痛挨罵，甚至以火大來掩飾這種難堪。邱毅在事後記者訪問時飆怒痛罵大學生是智商低，就是個實例。

這類言論牽扯到三種超邏輯（超越了古往今來一切邏輯定理與理論）：

一、「絕對直覺主義」：我不知道真相，也不用確認，只要我以為「是」就「是」了。

鹿茸就是這樣來的。馬英九可能小時候聽人講鹿茸，不知是啥意思，就用猜的，以為和毛茸茸有關，又有個「耳」，因此認定是鹿的耳毛。這樣推測了幾十年，到了演講場合，居然還「好為人師」，以「怕別人不知道」的關懷態度，在正文之外，又特別加一句「鹿耳朵的毛」。

我看邱毅那個香蕉也是這種情形。人家找他上電視，他沒有什麼可以掰，就拿張圖來說故事，可能老花了吧，一瞬間把花看成香蕉，之後就在內心將之標註為香蕉了。

這想法並非冰山一角，而是在黨政高層中處處可見。這些高官大頭，自己雖然也不全懂服貿，但若他覺得服貿是好，那就一定是好，沒得討論。從鹿茸到服貿，其實是同一個心態。

就百姓看來，即便是支持自由貿易的人，也會對服貿有所懷疑。我雖然支持自貿，但你不能隨便拿個大便就說那是自由貿易呀，是要弄清楚，說明白的，鹿茸兄和香蕉哥掛的保證，實在很難讓人信服。

二、「萬有引綠」：反國民黨事務，那就一定是民進黨幹的。

太陽花學運是反國民黨事務，那麼出現在學運現場的每個東西就都會是反國民黨的，因此那個「香蕉」就一定是「反國民黨的香蕉」，反國民黨的香蕉就一定是民進黨送的。這個推理大概就是邱毅所說的查證。至於那是香蕉還是花，並不重要，反正都是民進黨罪惡的表現。

這一條定理，還有倫理學和形上學的形式。倫理學的定理是「和民進黨有關的都是惡的，和國民黨有關的都是善的。」而其形上學定理是「虛無與髒污都來自民進黨，國民黨生出了一切美好事物。」

搞學運的學生一定是被民進黨「利用」，而國民黨和「利用」這個詞無關，所以幫國民黨講話，是認同、支持、理性的反應。此外，學生也不可以搞政治，搞政治一定是被帶壞，但幫國民黨說話的學生除外。

人渣文本

就算學運份子把民進黨幹爆了，覺得民進黨太廢，而提前三天對立院發動攻擊，但只要民進黨幫年輕人講話，那就代表年輕人一定是無知，被民進黨利用啦！這種逆向邏輯太猛，突破亞里斯多德三段論的限制，強迫大家當邏輯白痴，你不接受，他們還會來跟你爭執：「真的，那些學運份子都是民進黨人！」

我以前當過民進黨的競選總幹事和辦公室主任，也當過馬英九和三個國民黨議員的幕僚。那請問我被誰煽動？我的學生又是被誰煽動？被國、民兩黨同時煽動？他們好可憐哦！

如果學生被民進黨煽動，那你們這些老人被國民黨煽動，一煽就是四五六十年，為什麼不先自我檢討一下？這種論述相信大家都看得、聽得很多了，如果沒聽過，可以收聽飛碟三寶的節目，只要聽一集就會理解這定理的偉大。

三、「我思故存在」：只有我想看到的東西才會存在

太陽餅和屏東的蛋糕就是這樣來的。再沒有 sense 的政客，對記者講話也會注意，沒想到蕭家淇一下就把心裡話講出來了，還充分表現出他的悲慟。雖然這對提升食品產業發展有幫助，但對於加速階級分裂也有幫助。會有這種想法，代表他眼中只有自身事務的存

在，其他人類都是不存在的。就算他身邊有十幾個頭一直噴血的喪屍圍繞，他還是只會認真的找太陽餅和屏東來的蛋糕。馬英九、江宜樺也都有這種傾向，所以才有輕拍肩膀的說法，因為他們的眼睛都自動把爆頭的畫面刪除。

形象的對立

這三種超邏輯讓擁服貿方出包不斷，從鹿茸、香蕉、太陽餅，到送警察去驗皮毛小傷，只要一出手，正事沒有，鳥事一堆，其形象因此爛到爆炸。

另一邊呢？是高科技的（即時訊息、多國口譯、快速建立網站）、時尚的（軍綠外套、藍牛仔衫）。擁服貿方一直想在學生頭上安放「暴民」的形象，就算學生真的去攻打行政院，暴民形象只維持一天，很快「暴警」的形象又蓋了過去。

現在這些年輕領導者的形象，已完全與最新的流行同步（BL風，Line貼圖），連外貌缺乏記憶點的魏揚，也被人發現長得像韓國知名主持人朴明秀，而與哈韓圈拉近距離。

這是刻意操作的嗎？不是。這其實是雙方社群的結構屬性造成的。統治者，也就是擁服貿方，太過昏庸腐爛，沒錢就沒人要辦事。而學生軍則充滿了創意與文化符號，生產力十足，而且免費提供人力與腦力者甚眾。這種「要錢」與「免費」，造成兩者形象快速拉開。沒給錢，沒人要幫國民黨打仗，因為大家想這一定有政府預算，可以好好拗他們一筆。而許多人不收錢，甚至還捐錢給學生打仗。不只在現場打，在網路世界上，也有許多社會人熱情為學生軍團付出。

今天學生不拿錢在現場抗爭，因為他們知道這世界上有比錢更重要的東西，有一些「錢買不到」，也「不應該被錢買到」的東西。那是「內在善」，是你要進入到合作活動之「內」，才能體會到的樂趣與意義，那是真正讓人覺得幸福的價值。

但另一邊不接受這種內在善，他們超愛錢，認為服貿可以幫大家賺超多錢，超爽的，沒什麼事比賺錢還爽。他們相信錢可以買到很多東西，甚至是一切東西。學生不可能是在那邊無錢抗爭，一定是有領錢的，所以一定有人付錢給他們，那一定就是民進黨。但實際上坐在那的九九％就是沒有領錢，你這樣指責他們，他們就會更加火大，兩者的衝突就更嚴重。

這種「人生就是只有錢」與「人生不是只有錢」的價值衝突，你用屁眼想也知道誰比較對，只是當爭議聲浪蓋去了這種根本論述，問題就變得無解了。硬要我想個辦法，我的提案大概是：馬英九頭上裝鹿茸（馬式鹿茸還是正常鹿茸由他決定），蕭家淇咬著太陽餅和蛋糕，邱毅頭戴香蕉，而學生軍團方面，則由穿軍綠外套藍牛仔襯衫的林飛帆牽著哽咽的陳為廷的手，大家一起在中正紀念堂的熊貓中間，坐下來好好談談吧。

相信這種場合一定可以讓大家冷靜的找出解決之道。

後語

玩弄低能的語言邏輯，是台灣選舉藍、綠兩造的慣用手法，因為對於驅動死忠支持者非常有用。但這些低能的言談只會引起中間選民的不滿。

許多人懷疑是否真有中間選民，但依我們在選舉上的實務經驗，的確存在相當數量的中間選民，而且他們真能左右「接近戰」的勝負。相對來講，死忠票根本就不需驅動。他們雖然會出來靠北說「你都不理我們，我們下次不出來投了」，但他們對於另一邊的仇恨遠大於對你的不滿，最後還是會出來投的。

玩弄低能語言的正面效果相當有限，但死忠支持者一定會叫好，其叫好聲往往會讓政治人物失去理智，甚至沉醉其中，全然不覺此舉有多蠢。當外在的挫折與批判越大聲，他們就越往這種愚行裡跳，一發不可收拾。

四、公然傲嬌罪

有太多人問我馬英九到底在幹嘛，為什麼在３３０的大規模示威活動後仍一直跳針，不想辦法解決學運的僵局。其實答案很簡單，因為他在耍傲嬌。「傲嬌」（ツンデレ）對多數台灣人來說是個很陌生的名詞，因為只有動漫阿宅才會用。其原文是由「噴」與「害羞」這兩個意思略有反差的詞所組成，其維基的定義是「平常說話帶刺、態度強硬高傲，但在一定的條件下害臊地黏膩在身邊。」

靠，這不就是在講馬英九嗎？他原本就是這樣了，現在被學生一激，更加的過火。你提出所有的要求，他都「不要！」「不要！」「人家才不要！」「好吧！人家會勉強考慮一下，但最後應該還是不要。」

這種公主病，或許適合男女之間的戀人絮語，即便是不認識的十幾二十歲正妹這樣搞，也別有一番趣味，但若是六十幾歲的老男人還有這種特性，那就犯了公然傲嬌罪，其本刑為三百年以上起跳。

人渣文本

這也是現在的政治僵局無法化解的原因。洪仲丘案弄出了白色十字，服貿案弄出了黑色十字，這「黑白無常」已經索命索到中央政府奄奄一息，最重要的解鈴人還在那邊傲嬌、耍白爛、跳針，我想就算是國民黨自己人，也會滿肚子火。這就像是服務生已經站在旁邊等你點菜五分鐘了，你帶來的妹還在那邊「他們的東西我看了都沒胃口。」「你點了我也不會吃。」「你亂點我會倒掉給你看。」

阿現在是怎樣啦，到底是誰要吃飯啦！你不是急著要吃服貿全餐嗎！現在人家就是不想賣你，你是在怎樣啦？如果馬英九是十六歲的正妹，耍傲嬌會有男人買帳。問題在於，他，不，是。他是總統，有問題要出來解決，有責任就要挑起來，而不是出事了卻完全不退讓，躲在家裡耍傲嬌。學生現在後面多了幾十萬人，他們就會往前再站一點，要得更多，但馬英九還是完全不退讓，一條都不退讓，這樣就難看了。

政治是協商的藝術，這點王院長最行，可是這事鬧到３３０，好像完全沒他的事，最後大家一路僵持到４０６，王再跳出來倒打所有人一耙。這真是厲害，明明人家就在大鬧他的王府。

馬英九一向不屑王金平，也不屑任何政治協商，不容任何妥協，因此不論誰找學生談（居然找大學校長和學生談，腦傷了，大學生最討厭的生物裡通常就包括校長）、和誰會面（以為找領頭的老師，學生就會被說動，這也是傻了），因為沒有退讓的空間，所以什麼事都談不成，講了也都是嘴炮，沒有意義。

你要談判，就一定要真正讓利。你以為共產黨讓利給你，你不用對等讓利給他，是天經地義，全世界皆準？光是在那大喊：「哪親中？哪賣台？」傲嬌到爆炸，想要耍賴，多數百姓的額頭只會浮出三條線。

在動漫中，傲嬌的女主角之所以如此「假掰」，常常是因為對男主角有某種潛藏、甚至是不自知的愛慕。其實是在內心中暗暗喜歡對方，卻用虐待對方的方式表現。說不定馬英九看到電視裡陳為廷哭著說「我真的不懂，為什麼你們對掌權的人這麼寬容？」時，心中還小暗爽了兩下。

夭壽哦～台灣該怎麼辦哦～

後語

馬英九的在政治上的態度問題，其實是晚近才發生的。在他出任市長的早期，甚至出任市長前，都還算正常，「非常聽話」，只要是幕僚全力猛推的建議，基本上他都願意採納。甚至到了二〇〇八年初，也都還像個人樣。但出任總統沒過多久，或許覺得大權已集於一身，就越發囂張起來，什麼都聽不進去，完全活在自己的世界裡。

古代的許多君王或權臣，也都出現類似的現象。這或許也是一種權力所帶來的腐化。只是通常政治人物腐化的點是錢，而馬英九腐化的是態度。

人渣文本

貳 戰線拉長

因為馬英九遲遲不肯正面回應太陽花學運的訴求，學生們在進入四月份後開始躁動。加上路線與領導爭議，在太陽花立院主戰場的四周開始出現各種持批判意見，或以不同形式來進行的活動。後來反而延續下去的大腸花，就是在這一時期的「產品」。

最後因為王金平倒打馬英九與立院藍軍一耙，跑去立院見學生，才把這個僵局做了解決，或是「收割」。太陽花學運終能和平落幕，讓學生有了面子，王金平有了場子，只可惜馬英九還是沒有腦子。

人渣文本

一、得罪一整個世代

洪仲丘案所引發的運動，其推動主力是二十五到四十歲的退伍軍人。他們過去在軍旅生活中的不愉快，透過洪仲丘的死而折射放大，再因為馬政府的處事憨愚，而形成數十萬人的街頭力量。

由學生攻佔立院所引發的反服貿運動，主力是十八至三十歲的青年學生。他們面對未來的不確定性（或是確定會很低薪），又因馬政府一再錯誤對應，整個活動由原本的「反黑箱」再外加「反暴力」，而形成數十萬人的街頭力量。

這兩個運動有各自的成員特質，但也有許多重疊的參與者。如果將之串連起來觀察，我認為可大膽的指出，馬政府及其附庸集團，已得罪了一整個世代，從十八歲到四十歲的一整個世代。

反服貿運動在330的街頭活動後卡住，卡在一個不上不下的點。馬政府顯然打算採用硬拖的作法，拖到學生沒氣為止，讓學生默默退出戰場。不妨假設王金平406並沒有跳出來解決，學運氣絕而亡，且最後經過立院完成服貿的立法流程，讓總統府成功達成目的。馬英九在政治上可能勝利，但他們仍犯了一個嚴重的錯誤：得罪一大票人。

洪仲丘案走上街頭，無效。330走上街頭，一樣無效。馬政府以不變應萬變，雖然穩住了戰場，卻種下了世代分裂的後果。「他們」覺得這樣搞，自己就贏了，而讓「這個世代」覺得自己輸了。但這可不是讓人服氣的輸法。

這是贏在「短氣」，要比長，沒人比得過時間。陳為廷、林飛帆在二十年後可能不再重要，但在這兩個數十萬人場子中的年輕人，將會成為這國家的中間骨幹。他們會帶著對上一世代的不信任與仇恨，開始掌握權力，決定事情。他們會建構出什麼樣的台灣？一個公平而均富的？或是「轉型正義」的？

逆轉

你不妨想像，二十年後的政府財政崩潰，領導者決定廢除高額月退俸，軍公教一律只撥給22K，理由是「過去我們領這個錢也能活」。這勢必會引發大規模的抗議活動，在凱道上集結數十萬退休老人，甚至打下了行政院與立法院。但政府只是拖、拖、拖。拖到老人撐不住了，只好默默離開所佔領的一切。這樣搞誰不會？新的統治階層，可以剝除老人的一切福利，「和我們一樣苦吧！反正我們當初也沒死。我們都熬過了，你們怎麼會熬不過呢？」一如現在老人所講的話。

到了那個時代，馬英九可能已經不在了。他或許已隨兒女遠走他國，留下的是現在一心支持他，卻在將來承受報復性打擊的那票老人。他們只能接受這最後的懲罰，因為已經老到無法再反擊了。

你們現在扔下年輕人的訴求，那麼，年輕人將會在未來拋棄老人。這是馬英九及其支持者想要的「良性」後果與未來嗎？老人為了自己的錢，為了自己的意識形態，不聽取年輕人想要的未來，這當然可以，因為國家大政和一切公司權力都還在你們的手上。但時間不在你們的手上，你們會老去，終將看著現在的年輕人掌握一切。

除非你們打算永遠都不放手，或者，把一切轉交給「其他的人」。你們的選擇是什麼呢？年輕人在盯著你看。你做了什麼選擇，他們會記得，記得很久很久的。

後語

我認為「世代衝突」是太陽花學運的主要推力，而問題的重點不在於年輕人的反對運動，而在於大多數老人仍在醉生夢死，而這醉生夢死不是說沒有體會到年輕人的苦處，而是他們仍以為不管年輕人，最後他們就會安靜。

太陽花在結束之時，學生的確多半有種挫敗感。但隨著戰線拉長，法案一直不過，社會運動此起彼落，學生們慢慢發現實際上老人要的全沒拿到，而自己想的卻慢慢實現（法案拖到下個會期，動員活動人還是會出來），他們就開始偷笑了。「鬧是有用的」。他們只要出來搞活動，表面上沒人理，但只要有一定動能，就能造成政府困擾，進而造成法案延宕，政策失敗。

所以呢？年輕人開始掠奪，而老人可能要很晚才會發現狀況不妙。等他們想和同一年齡層的有權者告急時，或許才會發現，這些人根本就不想理會他們。這才是事情大條。

二、幾種路過的方法

這次學運中的「衝組」，因為被鴿派壓著，每天躁動不安，失敗主義瀰漫。心情如果煩悶，那就該出個門，展開在台北的微旅行呀。台北市警局說白狼的抗議活動叫「路過」，自此之後學生們發起多次「路過」，目前看來是相當成功。除了立委原鄉之旅外，我個人認為有幾種「路過」是學生們可以思考的方向。

金旺來路過法

很多人說金溥聰是金小刀，有多可怕、多厲害。就我對他的認識，我認為「金小刀」只是統媒所塑造出來的神話，也是綠軍為自己失敗所找的藉口。其實他只是普通的歐吉桑，而且執行效率有點低落，嘴炮度很高。他之所以能爬到現在這個位置，只是因為和馬英九很熟而已。

但就假設他真的很厲害，是馬英九的第一軍師好了，那我們要怎麼打擊他呢？因為他出

人渣文本

的是腦力，所以你就要破壞他的腦力。方法是以其人之道還治其人之身，擁服方派黑道來喊話，那我們就派白（目）道用同樣方法還回去。

金溥聰是個雅痞，他會出門來個小跑步，小咖啡小喝茶小看書小逛街小確幸的那種，你只要破壞他這種三小習慣，他就會崩潰。

你不用刻意去堵他，只要問看看身邊有沒有人是會碰到他的。反服貿的大家朋友那麼多，一定會有出現在金溥聰生活環境的人，派那些人去「路過」就好。如果他走路，你就隔十公尺對他碎唸，如果他在車上，你就敲窗戶對他說話。講什麼呢？

「淑娜！粗來面對啦！粗來面對啦！來來來來！」記得招手。

只要針對他就好，以不騷擾其他平民為原則。他不理你，你就一直講，不斷講。講累了可以換手，記得多準備幾個人，最好像大聯盟牛棚的救援投手那麼多。

他喝咖啡，你就在一旁「淑娜！」

他看書，你也在一旁「淑娜！」

他辦公，你也隔著窗對他「淑娜！」

不管他怎麼小確幸，你就在一旁小淑娜。

到最後他一定會發飆下車或走過去找你談，你就一邊說「來來來來！哩來呀！來來來！」的對他招手，一邊後退，退往不知所終的遙遠地方。等他回去，你又可以追上去叫淑娜。

如果你能弄到夠多人，連他去便利商店買報紙，店員也邊退後邊說：「來來來！哩來呀！」他遲早會精神崩潰，馬英九就失去軍師了。不過這一招有個致命的問題，就是如果他一直龜在總統府內或馬英九官邸中，就沒辦法了。除非你弄超大功率的指向性擴音機對總統官邸大喊「淑娜！」

Motel 路過法

聽說張慶忠在雙和地區開了不少家汽車旅館，你可以先印好宣傳手冊，然後去汽車旅館的車道前面，發手冊給打算進去的消費者。你不用站在那邊堵車道，反正他有很多家，你就找很多人每一家都去一下這樣，發一車就換下一家。

手冊內容大致上就寫「知道你打個炮可能導致破產嗎？」說明一下張慶忠在服貿事件的角色與問題，還有他們在此花錢打炮所造成的不良影響，例如讓張慶忠有更多的錢來選舉。手冊後面也可附上臨近地區的反服貿汽車旅館資訊與折價券，讓大家有更愛台灣的選擇。

你不用擔心印手冊費用的問題，因為附近其他的汽車旅館會出錢助印，搞不好還幫你弄App咧。只是他開了很多家，你可能要不斷的走來走去，會是非常辛苦的「路過」。

警察局路過法

據說四月四日晚間的緊張情勢，府方只是聽到學生有可能去打總統府，就調了三個總隊的保警來保駕，還鎮暴裝穿好好站一晚上。這麼敏感，當然就是婊人的嗆司了。

大家可以化整為零，去各大警方中樞（如刑事局等）旁邊的餐飲店開會。開會的內容就是研擬進攻總統府的計畫，大家可以討論得很認真，然後討論完就換另一間店，討論完全不同的計畫。

人渣文本

反正你們的責任就是討論，一直討論，一直討論，一直討論。內容可以從攻總統府到再攻行政院，從攻院本部到雙子星大樓，從外交部到新莊的文化部。攻擊發動時間可以從早到晚，從今天開始到三個月後的每一天。

一定會有店員和狗屁小警察在旁邊偷聽，然後報馬上去。只要你們談得夠認真，他們就會進行情資彙整。這一大堆垃圾情資就有得他們忙了，如果他們相信其中一兩條，就可以整得他們人仰馬翻。

而你們就只是一直換店（路過），一直吃飯，一直討論而已，唯一缺點就是可能會吃得很肥，這時就要安排走去遠一點的警察局，多運動一下再繼續討論。如果怕花太多錢，那就整桌點一杯飲料坐兩小時。雖然老闆會很生氣，但你可以對他說：「如果打下總統府就讓你在裡面開專賣店」，更可強化你們會議的真確性。

反正府方也經常用「狼來了」這招來整學生，不趁機整回去就太可惜了。

以上三點，是路過法中最和平、最起手式的三招。為了掃除國內的匪諜，為了無愧於蔣公反共抗俄的託付，全民無分老幼，大家都該走出戶外來路過一下。

後語

原來只是搞笑酸文一篇，但有真正的衝組表示，他們採行其中的某些方法，只是改變成他們較容易操作的版本，效果相當不錯。至於是什麼方法，我就不指明了。

到底要如何對政府進行和平又精準的打擊？你的對手也是人，也要吃飯大便睡覺的。用一些簡單手法對其進行周邊干擾，就能對他們造成極大的傷害，而且是中樞神經式的打擊。和基層警方肉體搏鬥，通常不會有太大的效果。

但老是有學生問我如何正面打敗保安警察的鎮壓力量，因為他們走和平抗爭的路線，還是一直被打。我的建議還是繞一圈，在警方之中找到「內奸」，或是想辦法讓你的人馬成為他們的頭頭之一。事實上在這次學運的過程中，於龐大的司法體系裡頭，的確有學生的「羽翼」。或許也是因為這樣，學生們才能飛得那麼遠。

三、江宜樺的總統大夢

有些人說，三月二十三日晚間，隨著第一位民眾被警察海扁，江宜樺的總統大夢就已告破碎。我不敢這樣論斷，因為依選民結構，國民黨就算推隻豬出來，八成也是選得到總統，何況是一個夢碎掉的人。但江宜樺的總統夢，的確造成一齣無法煞車的大規模政治悲劇。這個夢不是江一個人的「全面啟動」，這個夢還有馬英九在裡頭。

江宜樺的優勢

大概是三、四年前，江宜樺剛接任內政部長後的某一天，我突然察覺江宜樺會是馬英九的欽定接班人。當時一般百姓認定的國民黨接班人是吳敦義。這類說法隨著之後馬英九提名吳出任副總統而強化。就算到現在，還是很多人認為馬英九要吳接班。

我認為提名吳當副總統，反而是要廢掉他。吳在院長位子太久，太強勢，而且他是地方選舉出身，這些都是馬英九討厭的因子，馬英九控制不住他。讓吳當副總統，等於直接廢去他一切權力，架空了。

那馬英九要找誰接呢？我認為他提名江出任內政部長開始，就是要讓江接班。江（在馬英九眼中的）的條件優勢有以下：

一、學者出身，而且是知名學者。門面比較漂亮，馬英九最愛這種白面書生。

二、他是很像台灣人的外省人。這樣兩邊都可以護得住。

三、不屬於任何政治勢力，靠馬維生，所以就是馬系。

馬英九在意的，是他的路線在卸任後能不能持續，甚至自己會不會被法辦。不論之後是民進黨或是國民黨執政，他要是沒人罩，就會被法辦。因此必須要有一個「他的人」來接，而他的人馬中，比較不會出問題（沒有過去舊案，沒在地方蹚過渾水）的，就是江董啦。

江董的弱點是沒玩過選舉（之前有傳說他要跳下來選市長，不過我想是風聲大於實際操作），所以馬要不斷餵資源給他，讓他去養人，而資源最多、接觸最廣的就是內政部和行政院，這兩個江都當過。

江升任行政院長後，馬江體制正式成形。馬英九想要就此把江一推沖天，但這時馬的民調也開始崩盤，主因就是馬英九沒那個本事，又急著想要在任內有一些收穫，特別是兩岸關係。這造成了服貿爭議，還有現在的遍地香蕉。馬江體制就在這滑了一大跤。

因為馬只護江，黨內諸侯知道接任無望，所以不會來救，馬江就更顯孤立；更孤立，就必然採用更強力的手段。三月二十三日的深夜，隨著鐵定會出事的緊急驅離行動陷入混亂，江宜樺的總統大夢就此宣告當機。

只要他出來選，被打得滿臉是血的民眾影像就會跟著他。這選起來一定會非常非常不痛快。白海豚是多可愛的生物，跟著吳敦義游時，吳敦義都很不痛快了，別說是滿臉是血的人。

挫敗的必要性

有辦法在事前就避免這一切嗎？比如說在馬江體制形成之初，就採取不同的發展策略？我認為很難。他們兩個人都沒有經歷過真正的政治挫敗，那種在選舉中被洗臉的失敗。馬每選必勝，江沒選過，他們對於未來的預期一定極度樂觀。當馬江的暴走火車頭啟動，其出事機率就只會不斷上升。

洪案和王金平案已經處理得亂七八糟，最後強攻服貿，終於惡化成學潮。他們樂觀，所以目中無人，所以一路輾過，所以也把自己絞了進去。

如果有在基層跑過，有在地方選過，有選輸過，他們會知道妥協、認錯的藝術，他們會知道低頭裝死的必要性，他們會知道怎麼安慰自己人，搞定對手。他們也許在倒王政爭前煞車，也許早在洪案時煞車，也許會在……。但他們就是什麼都不會，也什麼都沒做。碰到了重大挫敗，還是只會在鏡頭前裝假掰。他們表現得越強硬，就代表自己越心虛。江宜樺現在拚命想要堵洞，結合軍警，利用媒體壓制，控制法務部掌握檢調，其實都已經晚了。

連法院都不想鳥他們，大家都在等著看江董的笑話。他知道大家在看他笑話，可是他還是要演。為什麼？因為這時認輸下台，他就毀了。

回台大？一堆被打的學生可虎視眈眈，他要怎麼混？已有一堆人跑去告他。他沒有選舉過，沒有地盤，能躲去哪裡？那些被法辦的國民黨貪官還能窩回地盤哭哭取暖，他呢？看來只有跑路了，看美國學術圈還要不要收留他。

人渣文本

衝過頭，已經到了無法煞車的地方。一個在三月初，總統大夢還閃閃發亮的人，隔了一個月，就該思考跑路的問題，這不是反應出世態炎涼，而是種暴衝的必然性。當馬英九決定要推個沒經驗的人出來接大位時，就注定了這種命運。

馬英九大概不會讓他跑路，因為江掛了，馬英九也掛了。江一下台，馬會來不及生出新的接班人，而且江已經搞到連本能寺都燒掉了，這種「共業」馬也要承擔。他們就會抱在一起繼續撐。

如果馬江列車還要持續往前暴走，江應該會死皮賴臉的撐到國民黨內總統初選，說不定還出線成為黨提名人，而成為國民黨提名人，通常就能當選。這代表馬江兩人的悲劇，就一定會變成台灣的悲劇嗎？

我不認為有這麼悲觀。當他們兩個抱著往前衝，準備「要上一起上，要死一起死」的時候，會有越來越多的人被捲入，包括一些國民黨的藩鎮和諸侯。他們可沒這個興趣和你一起死。他們的地盤護得好好的，誰要拿自己經營幾十年的老本，和你一起燃燒。馬江從來不經營地盤，不知道地盤的寶貴。

「要我一起死？你才去死。」

這些「去死去死團」，才是真正的國民黨主力部隊。他們壞歸壞，真要鬧場，也是很能鬧的。看看他們的一哥金平兄，你就知道他們有多不好惹了。

後語

政治絕對不是只有「依法行政」這麼單純。因為涉及了人類所有的生活領域，政治變得非常多元，會帶有各領域的特性。馬江體制企圖把政治簡化為單純的依法行政，理念有餘，現實感卻是嚴重不足。台灣這種民主政治格局，沒辦法一小撮人就搞定一切，你必須和其他人協商交換。某些協商可能涉及你的道德堅持核心，如何取決捨得，當事人必須事前料定，而不是事後感嘆。如果只有後見之明，那就代表你根本不適合這個大位。

人渣文本

四、同學，你可以從太陽花學運中學到什麼

隨著主力部隊離開議場，太陽花學運將從陣地固守戰轉變成野戰，之後會有什麼樣的發展，我實在無能預測。但望向佔領議場的二十幾天，我認為有許多現象值得剛成年、才進入社會實踐的同學們參考。

你們不該只是去現場坐一坐，吃便當而已，也不該只是在網路上嘴炮助陣。你們可以仔細觀察、反省，並從中學到許多，這將遠比花同樣的時間蹲在學校裡學那些「什麼時候都可以學」的東西要有益。

媒體的重要性

網路媒體在這次事件中的地位太重要了。FB 上懶人包與動員令的高速傳遞，PTT 的即時訊息交換，是學運之所以能誕生的主力推手。除了瞭解它們的威力，你們也該瞭解到，如果這兩類媒介一旦被斷絕，會對言論自由造成多嚴重的傷害。誰掌握了這兩個媒體，

就會成為新的霸權，成為潛在、隱形的影響者。FB選擇推送什麼訊息到你面前的運算機制，早已主宰許多商業數位資訊提供者的生死；FB會繼續走它的開放之路，或是會成為新的意識形態控制機器？可以特別留意其之後的發展。

另外，獨媒的全力相挺固然是非常重要的助力，但統媒的全力抹黑，也是學運之所以「旺」起來的原因之一。老人會蠢蠢的相信這些獨媒或統媒的資訊，但我發現絕大多數的同學並不會，他們能獨立思考，解構這些文本中隱含的想法。

他們會因為統媒的造假、抹黑而感到憤怒，越發確認自己的行為更是正確的、正義的，他們也不會被獨媒一捧就飛起來，而會在意這些支持訊息是否能真的傳達給外在的受眾。部分媒體在「紙本」與「數位」出版上的立場差異也值得觀察：紙本給老人看、數位是給年輕人看的，所以幾家媒體出現紙本反學運，數位版反服貿的怪現狀。這種利益太過巨大，導致社方就算有特定立場，也不得不向市場屈服。是否這能夠解釋在「後服貿」的時代，台灣仍能保有出版自由？大家可以思考。

政府在這次學運中一連串的舉措失當，讓大家看出政治的腐敗、空洞與簡單性。過去同學們都覺得政治很難、很專業、很老人，但這次自己居然能親手「造成政府很大的困擾」。

另外，大家也看清立法部門的無能。過去只是在新聞上看看，但這次可以親自貼近、影響立法流程，許多人因此看出藍委的問題，包括完全不理會學生、只為特定利益集團服務，不敢面對事實，以及鏡頭前囂張，鏡頭外淑娜的特質。綠委則面臨另一類的困境，他們的領導中樞失能，無法有具體、快速的作為，淪於學生出入立院的保鑣，無法發揮真正的政治功能。雖然最後幾天在擋委員會的門方面有派上點作用，但其效果和幾十個同學所能達成的差不多。

行政部門的惡更是鮮明。一再無視學生的要求（點雞腿飯你一直給排骨飯），惡意扭曲學生立場（指稱學生態度一直轉變），加上對於警方暴力的無視，要求宣傳機構與媒體對學運行動抹黑等等，這些同學都看在眼裡，大家很清楚，我不需多講。

但大家還是該注意一些「老人們」比較會在意的事。魏揚被逮，很快就被隨便聲請羈押，但也很快就被法院打槍。因為聲請羈押的是法務部下的地檢署，是會受到行政權影響的單位。他們送了一堆大便證據去法院，當然會被「最近常不鳥馬英九」的地院打槍。

為什麼他們會「明知故送」的送大便證據去?是受到誰的壓力?在行政院被爆頭的百姓那麼多，證據那麼明顯，為什麼查了半天都還是查不出來?許多法學專長的老師已在關切這事，大家不妨也注意一下。你看得越多，瞭解得越深刻，就越會肯定府方之惡。

自己人有多強

在行政能力的表現上，學生們真是太可怕了，這些領導者都是第一流的人材。雖然有些不太重要、大腦不太好的老闆說不會聘你們，但許多捐款給學運、也親自到現場「巡田水」的新一代企業家與創業者們，對學生在組織與行動上的能力都大為激賞。

學生很快生出一個「政府」，有行政中樞、新聞局、網路局、軍隊、警察、財政部、經濟部、衛生福利部。這個政府的行政效率高，不但可以二十四小時運作，甚至在打下行政院的短短時間內，也建立了一個能夠運作，提供糧食（誰要吃你的太陽餅?），有效指揮的短命地方政府。

學生在沒拿錢的狀況下都可以辦得這麼好，大一兩個世代的，除了佩服，還是佩服。因為上一輩做不到，只會嘴炮，還領比你們高一截的薪水，現在的中華民國就是血淋淋的例子。

學生證明自己可以有敏銳的決策，足以和六七十歲老人鬥智十幾二十天。你們證明自己可以維持秩序、生產出文本、改善自我的體質。但仍有一些缺失待改善、學習。為了戰鬥、保密需要，學運高層必須獨裁，內部組織必須要分階層，必須造神以凝聚人氣。如何讓這種短期需求不至於成為長期惡化的因子，是大家要思考的重點。許多政府單位之所以尾大不掉，辦事能力薄弱，其實是為了防弊，因此無法進取，並非真的無法成事。你們正好是反例，更要小心這體系會招來自相殘殺的惡果。

做對的事就會有越來越多的朋友

比較看看另一邊的力量、另一邊的人數、另一邊的辦事能力、另一邊的人員素質。你會發現做對的事情是不孤單的，朋友會越來越多，困難會一一解決，在道德上也能一再證成。

當你覺得另一邊實在是莫名其妙：辦奇怪的活動、有奇怪的人、搞了一堆奇怪的東西，你就知道自己八成是站在正確的地方。他們言談越不合邏輯，行為有越多的錯謬，都像面鏡子一樣，反過來照應出你們的「真」（貼近事實）、「善」（集體行為的道德表現），甚至是「美」（連設計的東西都比較好看。我不是說人長得比較好看，雖然媒體效果好像是這樣）。

這不代表學生這邊不會有造假、錯誤與醜惡，而是負面的比重越低，走向正確目標的機會就較大。你選對邊了，請記住這種選對邊的節奏與感覺，這對你之後的人生抉擇會有很大的幫助。

還有，為了對抗政府，因而採取違法行動，這需要大你們一兩個世代的公民們在法律和財務上的支援與保護，只有學生自己，絕對是不夠的。這些義助的公民很客氣的退居於暗處，只有需要時才出現。將來你們也會老，會變得有實力，記得在下一次學運發生的時候，也要做這樣子的支援者，讓動能世世代代不滅。

最後提醒，戰鬥不會完結，好事可能變壞。你的一生都會與政治攪和在一起，你很幸運的是，在年紀很輕的時候，就已經發現了這一點。

後語

太陽花學運的主要參與者是「單純」的學生。我說的單純，不是說他們蠢和無知，而是身分上的單純。但他們可以利用這次的經驗，來幫助自己在將來的人生中好好「算計算計」。

經過學運中兩造處事的比較，我認為老人終將玩不過這些年輕人。在他們之前的世代成長於僵化的道德與教育系統之中，對於政治的想像力薄弱，參與動能不足，影響力也就非常有限。這些少年仔的行動力太強大，只要多點反思和知識，將會比上一兩個世代要來得有搞頭多了。這批年輕人可以帶來一個很熱鬧的時代。

五、懂與不懂

網路上廣泛轉錄著蔡正元在政論節目中大戰學生代表吳崢的片段。一般人的重點是放在吳崢連續以「委員我是大學部的」「去和江宜樺講」打臉的那十秒，而我呢，我把整個檔都看完了。看了很多次。

在這經過剪輯的兩分五十二秒影像中，蔡正元都只抱持一個核心主張：「你不懂，我才懂。」他的整體論述都靠這句前提證成。

政治你不懂，我懂。
經濟你不懂，我懂。
人情世故你不懂，我懂。
其實，蔡正元就真的懂嗎？
什麼叫做「懂」呢？

「懂」與「不懂」，遠比你想的複雜許多，不是如字面那麼簡單。如果你要把「懂」定義成「全面性、整體性的把握與理解」，我相信這個國家根本沒啥人「懂」服貿。

或許一些參與談判的技術官僚「懂」得比較全面、完整，但多數人是不懂的，包括藍軍的名嘴。這是個很廣大的知識領域，沒有一天到晚接觸，根本不可能把握，而這些名嘴和高官每天忙東忙西，最好是有時間去「懂」。

如果你要把「懂」定義成「相對較理解」，那蔡正元「懂」的會比吳崢多嗎？從他們兩者的爭議過程，可以發現吳崢的態度很明確。吳同學抱持「道德策略上的正確」來談這個議題，也就是議會政治在道德上應該怎麼做。要理解政治方面的道德正確，也就是「懂」政治上的道德正確，並不難，有大學程度即可以輕鬆辦到。

但蔡正元對他的回應都是「利益策略上的正確」，也就是議會政治在追求最大獲利上該怎麼做。這可能真要一些政治鬥爭和操作經驗才會「懂」，吳同學是嫩了些。不過，蔡正元的論證和道德沒什麼直接關係，他想用這個角度來回應吳同學，當然是會失敗的。

就像我告知你應該孝順父母才對，你卻說孝順父母的效益不大，不如把父母抬去山上丟掉，最省。「利益策略上的正確」並不能回應道德上的質疑，道德有超出錢的部分，有時就算是大賠錢也該去做，比如說履行一個很久以前答應的承諾，即使已經沒有效益，甚至是負效益，去做也是對的。

蔡的觀點要成立，要能夠證成「道德」等於「利益」，即「善」等於「錢」，且能成功的說服大家。這很難，實際上根本不可能。因此多數的電視觀眾都認為蔡是被打臉、完敗。

很多老人都用年紀壓人，以為自己從社會經驗裡學到的伎倆就是「標準答案」，殊不知那只是策略上的正確，不是道德上的正確。年輕人不是白痴，你扯越多，他們越確定自身的道德優越性。

話說回來，其實我認為蔡正元並不是個壞人，而是個過度執著己見的人，所謂「執著星人」是也。怎麼說呢？

我回憶中的蔡正元，要倒退回十幾年前。我和他同在馬英九市長競選總部，他貴為副總幹事，我只是個打雜的。某天，他提了個讓人額頭浮現一滴汗的建議。

馬英九出去掃街時，通常就是幾十個人舉旗跟著，黨部會派專業講者以大聲公壯壯聲勢。蔡副座覺得這樣還不夠，主張把我們那首「很鬼打牆」的競選主題曲拿去現場放，會比較熱鬧。要放音樂，是有宣傳車，可是很多掃街路線宣傳車根本進不去呀。於是他叫我們這些打雜的「拿一台手提音響跟著」來放那主題曲。所有隨行助理一聽都面如死灰。平常掃街已經夠忙了，誰還有力氣管那台爛機器。但副總幹事堅持，這台機器就真的出現在之後的行程中。

說真的，做這提音響的工作，真需要夠強的恥力。請你閉上眼，想像馬英九在前面拉票、握手，後面跟著一位大聲公在「拜託、拜託」，再來是一串舉著旗子的助選員。最後是位孤單的仁兄，就只是手提著音響，放音樂，表情十分囧。靠，最後那位太多餘了吧！

這「政策」開始時，我們隨行組的成員還會勉強提著，但不久之後，大家發現現場根本沒人關心有沒有音樂。拜票幹嘛要配樂呀！就假裝把機器忘在車上，不管了。

某天蔡正元來到現場，視察大家是否真有照他的天才 idea 來操作，卻發現一眾人等全在裝死。我只記得他問：「機器呢？怎麼沒有帶著？」很生氣的樣子。「報告副座，現在沒人力呀，機器在車上！」然後我就逃走了。他當然暴走，但因為大家真的很忙，沒人理他。最後他居然轉頭往馬英九座車奔去，然後，然後，然後，……。

只看到他自己提著機器，打開電源，放出那首魔音，快步追上我們，默默跟在掃街團的最後。我們其他所有人都不敢回頭。只聽到那魔音越來越大聲，越來越大聲……。因為這記憶太過可怕，我已經忘了那一場掃街是怎麼結束的，也忘了那台機器的下場是怎樣。不過，這就是執著星人，你怎麼講都沒用的，只能讓他們衝了。他們的浪漫，你不會懂。

後語

雖然蔡正元的形象一直很有爭議，但我不認為他是存心為惡，而是個很有自己風格的人。這種看法來自於我對他的近身觀察，別人的意見相對就較難說服我。

在進行政治分析時，我認為適當的田野調查實屬必要。你沒有在第一線接觸人事時地物，在切入的力道上就沒有那麼足。能夠以漂亮的角度觀看時政，提出準確的時論的人，往往不是學者高官，而是跑線跑很久的記者。只可惜媒體在台灣的道德評價甚低，讓這些專業意見往往被忽視了。

人渣文本

六、戒嚴法師

二〇一四年四月十八日的《民報》中有一段有趣的文字，民視的鏡頭有拍到這位女士及其「談話內容」。不少讀者對這人的言行深表憤慨，但其實看到的第一瞬間，我是噗嗤噴笑。又來一個這種信徒。戒嚴法師的信徒嘛！其內容是：

十六日晚間經濟部在臺中社區大學舉辦服貿的演講，有反服貿的社團要進去，被阻擋在外，社區大學的員工不但拉扯反對者的頭髮，把他踹在地上，眼鏡掉落，社區大學一位中年婦女樣貌的員工講了一段非常可惡的話，她戴著眼鏡，短髮，粉紅色上衣，套裝。她說：「希望政府戒嚴，把你們這些年輕人搞死！」

台灣的佛教界有知名的「嚴」字大師，像已圓寂的法鼓山的聖嚴法師，德智雙全，而慈濟的證嚴法師，信眾佔台灣人口七％，也是非常驚人。而「戒嚴法師」呢，「他」不是佛教的，是「蔣」教的，也沒有具體的宗教崇拜活動，但「他」的信眾，其實還不少哦。

只要社會一亂，總是會有戒嚴法師的信徒（老少皆有）跳出來說：「快戒嚴！要戒嚴才

人渣文本

行！」「政府為什麼不戒嚴？要嚴辦這些○○××……。」

不論他們對於戒嚴時代有什麼美麗的回憶，這個「宗教」在本質上就非常好笑。好笑的點可以用以下幾個問句表示：

現在你是要靠什麼戒嚴？

軍隊？軍隊現在多缺人你知道嗎？我以前的旅級單位一千多人編制，結果實際只有幾十個兵，除了掃地是能幹嘛？掃地都不夠了！有沒有看過三顆炮（上校）的下來幫忙打飯啦！

警察？弄個三千人靜坐你就搞不定了，戒嚴一定是全武行，你要這些「本來想當老師但考不到變流浪教師又想當公務員所以跑去當警察」的善男信女怎麼辦？

現在不論軍警，大家都是能廢就廢，能放假就放假，平常能乖乖站哨抓酒駕就已經是極限了，你還要他們搞「戒嚴」？很多戒嚴法師的信徒根本沒當過兵（我看那中年粉紅媽不太像是軍人退伍），只會在那鬼叫鬼叫。什麼都不用講，你制服穿起來，鋼盔戴起來，拿把木槍，去給我站在路邊兩個小時就好。

只要真的站在那邊，你就會清醒了。我很多學生入伍前問我「老師要怎樣才能到特戰部隊去？我想當真正的男人！」結果入伍約半小時後就決定要裝廢物平安退伍。不用你站不用你打，你要反攻大陸都可以呀！嘴炮反攻嘛！

什麼是戒嚴你知道嗎？

保證不知道。戒嚴法師對他們來講，就是一種信仰，因為太崇高了，所以也不知道「他」是啥。反正戒嚴就是過去的美好時代嘛！社會很安定呀！經濟發展很好呢！大家都對 蔣公敬禮，都要空一格，壞人都被殺光光，社會一片祥和。啊！戒嚴法師的真身，一定就是蔣公呀！

瘋了，真的。什麼鳥都不知道，你是要戒個屁嚴？戒嚴需要什麼流程？會有什麼影響？無知到破表，你知道要搞戒嚴會操死多少公務員嗎？

受到戒嚴衝擊最大的是誰？

戒嚴會有什麼差別？7-11 不能開了耶，夜市不能開了耶。好啦這還事小，很多人晚上也不會出去。戒嚴的重點是軍隊會控制一切。然後呢？你以為現在的軍隊會服從上級喔？你知道實彈配下去讓軍人在街上走會發生什麼事嗎？

這十年內沒在軍中當過基層幹部的不要出來公然打手槍好不好啦！那些出來嘴炮的將軍你爽過頭了呀你！現在那些兵，你讓他們拿實彈在街上跑，要他們去抓叛亂犯？鎮壓暴民？

我建議你不妨反過來估算一下好了，算算他們有多少人會衝回營部、旅部去把領導職的秒掉。平常要壓住那些天兵，要他們不酒醉駕車，就已經要把幹部搞到瘋掉了，你還把他們放出去在街上天天趴趴走？還拿槍？你有沒有搞錯呀！

幾十年前可以有戒嚴，那是因為有個龐大的國家機器在運作，可以形成一個鋪天蓋地的網。即便是這樣，社會還是偶有動盪。

現在民智已開，軍警智也開了，你沒有正當名義（比如說中共打來了），是要戒個屁嚴？誰會理你？你要信你的戒嚴教，就在你家自己辦個齋堂敲木魚，不要出來丟人現眼。會信戒嚴法師的人，就是過太爽，爽過頭了。要知道，戒嚴法師是雙面刃，就不要求了戒嚴法師來，最後卻是來取你魂魄的。

後語

政治外行人常對一些專有名詞有莫名的崇拜。比如說「戒嚴」、「違憲」、「依法辦理」等等，越外行，越愛講。這些詞因此成為某種神秘與宗教語彙，好像一使用這些詞，無能的人也會充滿力量。

其實這些專有名詞的學術定義都相當複雜，無法簡單介紹。在不理解其定義的狀況下貿然使用，只突顯了使用者本身的虛無性。他們其實是社會上的弱者，最需要關懷，卻也最常拒絕關懷的一群。他們正是受到這些詞真正意涵所壓迫的人。

人渣文本

七、意識形態之網

有很多學生問我學運時期的媒體到底出了什麼問題，為什麼會那麼不客觀，甚至有意造假新聞。這是因為記者素質太差，還是媒體主事者所刻意製造出來的結果？台灣新聞媒體的公正性早已飽受質疑，只是現在亂報的是那些學生「自己親眼可以看見」的事物，他們的震撼自然較大。有些學生甚至已完全不看電視新聞，而這「有些」高達七成以上。

部分學生懷疑新聞傳播系所的教育出了問題，導致記者素質太低，但也有許多學傳播的同學跳出來指那些亂搞的記者多數不是學傳播出身的。我認為把問題集中新聞記者的素質上，的確是有點太簡化了些。

就我個人的受訪經驗，這一年來我遇過的記者素質都還蠻高的。和十幾年前我還在做政治公關時比起來，應該也差不多，有些現在的電子媒體記者大腦還更清楚些。那為何還是會有一堆奇怪的新聞和刻意的走向呢？

除了前文提過的商業考量，還有一個很重要的原因是「意識形態」。

意識形態

「意識形態」的定義大概有三百種，幾乎是一人一個調。我把意識形態定義為「一組系統性的價值觀，讓人得以解釋一切的社會與自然現象，並得以建構行動目的與選擇行為手段」。像你早餐吃美而美而不是湯麵，就是意識形態的影響，你的意識形態告訴你早餐「就應該是那樣」。

你所看到的偏頗新聞，都來自於強大的意識形態。這些記者、編輯、老闆的意識形態過強，雖然他們或許以為自己在做中立、客觀的新聞，但其成果只不過是特定意識形態的展現。當然，有些新聞的確是刻意要做偏的，但他們會認為這種「偏」是「道德正確」，這也是意識形態造成的。

當然，我們無法說某某新聞台就一定是來自某種意識形態，比如說「統派」意識形態或「大中國」意識形態（這兩者又有點不同）。多數的新聞「產品」（或「文本」）都包括了好幾種意識形態的根源。

因為個人意識形態通常有三種來源：「個人生命歷程」，「目前所在環境背景」，以及「主要日常活動」。記者有其自身的出生到長大的生命經歷，會傾向某種意識形態（比如說客家人），而他所在的媒體集團，又有其意識形態（統派電視台），加上他採訪的現場，也會存在著特定的意識形態（年輕人的次文化）。三者交匯、拉扯、碰撞，就產生你所看到的意識形態產品：奇怪的偏頗新聞。

客觀

如果你想追求的「客觀」，是指「產品」不具有任何的意識形態，那在實務上根本不可能做到。只要你講中文，你的話語就會有中文的意識形態，不可能避免。

你能做到的客觀是「相對」的客觀，這「相對」指的可能是在一個文本中盡量讓不同的意識形態呈現，或是在各種意識形態中取得一個最大公約數。

但這種成品的客觀程度高下，說實在也無法驗證，往往只是自爽，因為「評價者」也會有自己的意識形態。你就算弄的很「中性」了，還是會有人覺得那很主觀。有時我們只能承認，讓一個社會充滿多元的各類媒體，每家自行大鳴大放，或許就是一種可以被多數人接受的相對「客觀」。這樣很亂？

提升

想想某個社會有二十五家媒體，這些媒體都力求「客觀」，報導排除一切「價值判斷陳述」（好壞、美醜），全是人事時地物的「事實判斷陳述」（有客觀真假值的話語。如「今天降雨量為二十五公釐」）。結果會怎樣呢？你會發現這二十五家媒體的報導全都一樣，只是字多字少的差別。這種極端的媒體環境是你要的嗎？

當然，還是有很多同學抱持著馬克思主義的熱情，想要把困在「虛假意識形態」中的大家救出來，特別是學傳播的同學。救不出記者，至少可以先救身邊的同學，以免他們之後變成記者時「大腦有問題」。這當然不是件容易的事，也不見得是對的事。你其實也只是想把別人轉換成自己的意識形態。

但有些意識形態的確問題蠻大的，像是包括種族主義在內的意識形態，我們還是會傾向於破除這類的看法。要揭開這種意識形態內藏的邏輯問題，需要透過批判思考。批判思考有很多種原則與具體方法，最簡單的方式，並不是批判別人，而是批判自己。有些學生提出與眾不同的意見，就自以為是批判思考，其實那只是種自爽。

最基本的批判思考就是自省。你若是主張「Ａ」，那就想想自己是否有支持「非Ａ」的理由，或是「Ａ」有什麼潛在問題。你如果反對進攻立院或政院，你就不該只是去問進攻者「為什麼你會採取這種違法的行為？」而是要問自己「我什麼時候會採取違法的行動？」「我的和平手段會有什麼樣的缺陷？」

這是一個漫長的自我改造過程。這沒辦法讓你完全去除個人意識形態，但可以透過檢討提升你現有的意識形態，讓你可以有「更具競爭力」（講到某些人的關鍵詞啦！）的意識形態。先做好自己。

那其他人的意識形態呢？「不是盡力，而是盡量。」

有個哲學寓言是這樣的。有一群人自小就被關在洞穴中，世世代代都活在黑暗裡，他們透過一個小洞照過來的光線，可以看到投影過來的各種木偶陰影，便以這些陰影為事物的真相。木偶已經是假的人事物，而他們相信的「真實」更為低階，只是木偶的陰影。有人從洞中逃出去，看到外頭真正的樹木與山川世界，匆忙回去洞中回報，要大家快逃。

眾人卻以為他瘋了，根本不願離開。有些「先知」更慘，還會被堅持舊知識的老人所捕殺，因為老人們無法接受自己相信一輩子的事物居然是假的。

要怎麼讓人從意識形態的障蔽中離開，至少接觸像樣一點的知識？不斷溝通是最常見的方式，也是我一直在奉行的方式。但請記得，「不是盡力，而是盡量。」

你如果覺得溝通無效，那看看要不要學方仰寧底下的大軍，直接用棍子敲昏後，把人從洞穴中拖走吧。反正「他們」說這樣也是個好辦法。

後語

有學者認為我們應該充分展示自己的意識形態立場，再透過溝通與自我批判的過程來提升意識形態的內容，而不是單純反對或企圖創造出某種更純淨的意識形態。要做到這一點，需要許多知識與技術能力，而多數人可能無法獲得這方面的資源，因此比較吃力一點。

我認為在台灣的媒體狀況正在改善。新興的3C產品帶來全然不同的媒體環境，這些媒體可以提供一些片面的意識形態符號來刺激受眾，讓他們對事情有不同的認知角度，並透過閱讀與受挫的來回交替而「提煉」自我意識形態。

許多知識份子對於紛亂的媒體現象感到悲觀，我卻非常樂觀。越亂越健康。

參 詮釋對抗

太陽花學運發生後，在第一時間中就已經產生了對其行動的大量的詮釋分析。我在很早期就透過一些基本的倫理學方法將整體格局進行切割，以建立一些詮釋方面的灘頭堡，其目的也是要協助學生將自我行動「定調」。這種定調過程會在下一階段的「分類」中有進一步的強化。

一、誰的正義？哪種理性？

在太陽花學運的早期，我發現「被抗議方」在具體行動上完全龜縮之外，也發展出一種言語辯論策略。

「台灣不是法治社會嗎？依法辦理，直接逮捕呀！」

「這種衝突、破壞性的佔領，作法不夠理性！」

「所以這樣做是正確的嗎？」

他們提到大量「法治」、「理性」、「溝通」、「正確的」等重要名詞，想替自己的立場迴護，並批判佔領立院的學生。這種批判成立嗎？

當然可能成立，但前提是他們要「知道」這些名詞的定義，且「相信」這些名詞的定義，並讓論辯的對手也「瞭解」他的用詞是這種定義。但我不認為這些人知道他們在講什麼。每當我反問：

「你說的法治是什麼？」

「你說的理性是什麼？」
「你說的溝通是什麼？」
「你說的正確是什麼？」

運用這種簡單的蘇格拉底法便可將他們擊潰。要回答這些問題相當困難，即使是鑽研這類名詞十數年的博士，心中也不見得有標準答案，何況是「聽了這個詞，覺得真是屌，於是拿來用」路人甲？但也不是完全不能用這些詞，你還是可以有個初步定義，接著拿出去碰撞看看，和人家討論。你或許會發現自己的定義不錯，怎麼吵都贏人，但也可能會發現似乎永遠都不會有標準答案。比如說「理性」。

三種理性

我研究的美國學者麥金泰（A. MacIntyre）寫過一本著作《誰的正義？何種理性？》，他認為「理性」的標準答案是隨個人出身背景不同，而有很大歧異。我們的理性是由所屬社群團體定義的，不存在一種明顯的客觀標準。

他的推理過程在短文中難以釐清，我下面就用最簡單的方法，以「懶」得說明直接

「叫」你回答選擇題的「懶X包」方式，讓你理解之所以沒有標準答案的原因。這些都是涉及「理性」定義的題目。

第一題

服貿或能讓台灣經濟大幅成長，但其設計並沒有考量到所得利益的分配，依現有我國經濟結構，這些利益可能會強化現有社會貧富差距。請問你認為：

A 我相信政府耶，依照過去經驗，他們一定會好好立法、妥善管理，讓賺到的錢大家都分得到。

B 國民黨最好是會在意這種事！依過去經驗，他們最好是會分給你啦！他們都馬自己分一分。

C 這很難講啦！依過去經驗，強者恆強啦！弱者一樣吃大便啦！這種事沒有個準的，政府介入也沒用。

第二題

學生攻佔立院的行動涉及了物品破壞與人員受傷，並不是一種溝通的常態。請問你認為：

A　這樣很不好耶，不能坐下來好好談嗎？所有事都是能坐下來好好談的！

B　幹這個政府最好是會理你啦！不打不成器有沒有聽過？不電暴他們哪有用。

C　做什麼都沒有用啦，談也沒用，打也沒用。人生就是做啥都沒用。

第三題

有人主張，為了一個大的利益（比如說服貿所帶來的巨大好處），我們可以接受一小點程序的不正義（比如說在立院以罕見的方式強行通過審查）。你認為？

A　可以呀，這就像為了考上好學校而犧牲出去玩的時間一樣，有得必有失，為了好事，犧牲是對的。

B　最好是啦！程序不對後面的就都是大便呀！為了讓我優秀的基因永久流傳，我就可以去街上隨便抓個正妹來幹嗎？

C　這也是要看狀況啦！沒有一定，就看誰拳頭大囉。

上面的A、B、C，你傾向於哪種答案？你不見得每題都會選擇同一個英文字母所代表的答案，但每個字母的確分別代表一種理性系統。

這些理性系統各自的執念太強，彼此根本無法融合、溝通，因為這涉及其背景、前提的一些預設立場根本矛盾。就算學者知道怎麼從其中跨出來，一般人也不知道。

因此你會看到網路上很多討論是無窮迴圈，挺府派、反府派、和無為派永遠都在那各說各話。最後呢？

我認為能夠跳脫出話語，具體做事的人會贏。因為這些立場討論如果無法有進一步的拓展，無法透過討論來獲得更大認同，那就應該出來做事，以具體驗證，爭取社會資本。可惜呀，攻城派已經理解這點，其他派還在繼續講。講講講講講講講講講講。

我只好陪他們講一句：「所以，你一直講是正確的嗎？」

後語

政治一直都是實踐活動，雖然以「講話」為主要的活動表徵，但絕對不是講講就能成事。學生發現這點，所以他們衝進立院，立刻集結成千上萬的人力。不過，當反對方開始企圖以論辯來扭轉戰局，許多學生也回頭捲進永無止境的討論中。在戰術上，於近身接戰的白熱階段，實在沒有必要進行理論討論，先打再說。回到街頭主戰場拓展勢力，才有下一步的可能。包括對話的可能。

人渣文本

二、警察倫理學

二一三當晚行政院驅離的警方動作，引起一些爭議。包括「你抬人就抬人，為什麼要先打人再抬人」，以及「抬走人之後，人家也沒幹嘛，你幹嘛還打人」。

行政院的衝突，當然還涉及「學生打警察」的議題。學生主動打警察當然是錯的，有大錯（打得太嚴重）就抓去法辦，小錯（打了沒怎樣），就譴責，狀況比較簡單，沒什麼好討論。但警察打人，依現在的偵辦狀況來看，感覺「上面」好像想蓋掉，像是想辦法讓證據像洪案一樣消失，讓檢察官辦不出來，或是逼檢察官隨便辦，又或勸被打當事人說是自己跌倒的。那我就有必要趕快出來吐個兩句，提醒大家注意這事。大家也麻煩廣播一下，讓「上面」不能裝死。

無知的陷阱

警察打人，當然是個倫理議題，基於專業，我第一動作是去找警察讀的倫理學課本。雖然我猜他們在校應該也只是隨便讀一讀，就像我受預官訓時的「軍事倫理」課程，也只是看個片。

在閱讀過程中，從教材到論文，我發現一些警察學校的老師與相關學者，把「警察倫理學」這個學門發展到很完整的程度，基本上可能的實務領域與理論流派都涵蓋了。

但依我個人經驗，學生鐵定無法吸收這種程度的東西。他們就算背了很多，也不知如何運用。就像你應該也能背出四維八德，但你能搞清楚每一種德行的定義與運用方式嗎？這次鎮暴警察所面臨的困境即是如此。他們大腦空空，非常不爽的跑去，然後碰到一些讀很多書、計算精準的學生。警察們把學生海扁一頓之後，可能會面臨嚴重的法律問題。學生精得很，他們所犯多是一年以下的輕罪，但警察打人打得很重，現在一堆律師在法院代表學生控告警察傷害和重傷害，你可以查一下刑度。這就是標準的發洩過頭，爽過頭。

法律問題先扔一邊，就倫理學來說，警察到底錯在哪？

適當

基本上，如果學生打人，警察當然可以武力回擊，前提當然是「適當」，人家怎麼對你，你就怎麼對人。你不確定怎麼做，沒動作就是最好的動作。至少不多做，就不會多錯。

很多人舉美國警察為例，你沒怎樣，他們就可以暴打你一頓。這是個很爛的類比，第一，台灣不是美國，道德標準與文化背景差很多。美國科技先進，不代表在道德作法上就比較對，或是比較適合我們。第二，美國警察事後常被告，政府一直賠錢，這不是只有一回合的賽局。

回到國內。如果學生沒有打你，上面也沒有命令你打人，你就不該打人。就算上面命令你打人，你都沒必要打人了（後面會討論），那沒命令，你是打個屁人？要你抬人，你就好好抬，加個打人幹嘛，打了也是要抬，不打也是要抬，都要抬，那你多做「具傷害性」的一動，就是有錯。什麼「時間很趕」，「打了之後比較好抬」，都是推拖之詞。

「時間很趕」？誰時間不趕？我趕稿也很急，可不可以打編輯？學生寫作業很慢，下課還在寫，害我無法趕往下節課，可不可以毆打學生？手搖杯的店員手腳很慢，可不可以去把他搖一搖？

誰工作不趕不急？全世界就只有你警察最急是不是？你沒領薪水嗎？是志工嗎？抬再久

也要慢慢抬呀！時間不夠，人不夠，就叫高階的下來抬呀，在那邊看個屁！以前我們在軍隊種花，人力不夠，上校也下來整夜埋頭苦種，要不要看上校是等於你們幾線幾星！我們還讓兵先回去睡覺咧！時間不夠，錯是在長官的判斷有誤，無法證成你的行為合理。「打了之後比較好抬」？那你要不要用推土機直接鏟，超好抬，三分鐘就沒人了。好抬咧！你是智障嗎？大多數的社群都不會認同基於「方便」而侵害他人權益的行為。

「抬人很辛苦」？台灣哪一個工作不辛苦？誰沒在加班？誰的老闆不機車？誰沒碰過拗客？不爽，那你幹嘛當警察？你是當「義務役」警察嗎？那你要不要轉換跑道去當國軍？國軍很缺人哦！國軍超爽的你要不要跳過來？「辛苦」無法成為進一步行動的良好理由，因為這往往連結著「想偷懶」。一堆爛論證。

違背良知的命令

長官命令你打人，你也沒必要真打。你認同這命令，那當然另當別論，你和長官就會連成一個道德主體，要一起受社會檢測、批判，看是否過當。

你如果發現這個命令違背良知，那你可以怠工，可以裝死。我就不信你不會裝死，平常路上那一堆裝死不管交通的，還有在高速公路邊睡覺的紅斑馬，難道是真的死人嗎？不裝死會肥成這個腰圍嗎？

長官叫你打，你不認同，就隨便推一推，把人往後推走就好。真的太激烈，你就自己陣亡，往後去療傷。怕太混被法辦？亂軍之中是有個狗屁證據？警方還巴不得湮滅打人證據咧，你沒看他們叫記者離開後才打人，或是用盾牌遮著打人。

真的天經地義，那就叫警察大學派人來現場全面跟拍，上網 live 直播分享當做全民教材。學生都這樣做，你們為啥不做？讓全民知道警察的辛苦不好嗎？你們是軍隊嗎？是有什麼怕被老共知道的國防祕密？分明就是你想打人才打人，拿個正義大外套蓋著在那亂打一陣，扯那麼多，全是屁話。

另一種狀況有著更大的道德問題，就是人都拉走了，還在那偷打。這就只是單純的趁亂打人，是癟三行為的極致，沒什麼好狡辯的空間。己所不欲勿施於人，如果有一個營的步兵叛變來支援學生軍，你說投降，他們還用槍托尻你的頭，你會欣然接受，拍拍手說打得好棒棒嗎？

做人的道理

說穿了，這次很多警察之所以打人，就是因為他想打人，沒有什麼合乎道德標準的理由，因此在道德上是「錯」的。被學生打，反擊可以，但要適度。人沒打你，你打人，就是錯的。道德的範圍比法律大，合法不見得合於道德，何況你有些行為也根本違法。

那要怎麼解決問題？摸著良心呀！你這樣打人符合良心標準嗎？你制服一脫也是普通人，這是做人的道理嗎？這種程度的道德判斷根本不用教，摸著良心就有了。

那些靜坐的人，其實是面鏡子。當你指著他們說，這是暴民，可以打，那「他們」就照出了你心中的殘暴。

有錯，就承認，道歉、懲處，接受法律制裁就好了，越扯只會讓你的錯更多，還加上「說謊」、「逃避」等惡行。是男人，就大聲說「人是我打的，要辦我就來吧」，在那閒扯一堆，只是穿著制服的俗辣而已。

後語

本文發出之後，引起警界人士一陣匆忙的反擊，可惜「出戰」者並非第一線的專業倫理學者，所以其論點並沒有說服力，我就沒有進一步的回應。基本上警方在行政院一役的「錯」與「蠢」非常明顯，在倫理學上沒有什麼可拗的空間，這大概也是支持警方的倫理學者選擇縮起來的原因之一。

這個議題在之後轉變成為法律攻防，而且是長期的法律攻防。在這個過程中，會有更多值得大家思考的倫理問題。或許大家會驚訝的發現，原來最受到壓迫的是基層的警察個人，但他們一直活在自己充滿權力的幻覺中。

人渣文本

三、何必曰利

有同學要求我寫一篇適合讓「長輩」、「保守派」、「中國傳統派」看的反服貿文。其實我本人不太反服貿，我反的是鹿茸哥這個人，但學生發來這麼難的作業，還是引起了我的興趣。仔細思考之後，我發現有以下這個切入點。我相信「長輩」、「保守派」、「中國傳統派」應該都看過這段對話：

> 孟子見梁惠王。王曰：「叟不遠千里而來，亦將有以利吾國乎？」孟子對曰：「王何必曰利？亦有仁義而已矣。王曰『何以利吾國』？大夫曰『何以利吾家』？士庶人曰『何以利吾身』？上下交征利，而國危矣。萬乘之國，弒其君者，必千乘之家；千乘之國，弒其君者，必百乘之家。萬取千焉，千取百焉，不為不多矣。苟為後義而先利，不奪不饜。未有仁而遺其親者也，未有義而後其君者也。王亦曰仁義而已矣，何必曰利？」

孟子跑去見梁惠王，就是魏惠王。魏王說：「老頭，你跑那麼遠來我國，到底是帶了啥好康的呀？」孟子回應說：「大王幹嘛一見面就談錢的問題？我這一趟來，不得了，為您帶來了目前最潮的，背後寫著『仁義』二字的軍綠外套呢……」

這當然是亂翻的。正經一點來說，魏王接見孟子，是想獲得一些富國強兵的方法，或至少是一些國際局勢或經濟動態之類的資訊。孟子的態度很簡單，就是你要的資訊我沒有（其實孟子也不懂），他是要來提醒魏王，治國重點在於仁義。

錢與義

如果一國上下都是只談錢，王談錢，官談錢，百姓也談錢，把錢當成人生第一目的，就會出問題。為了錢，全國上下會相殘，整個國家遲早會完蛋。但賺錢並非全然不可，而是應該先搞定社會內部之「義」，也就是適當的相處與分配模式，這社會才會穩定。

如果大家都有「仁」心，就不會為了賺錢而破壞家庭與社群，如果大家都有「義」德，那麼就不會扔下君長不管。身為領導者，應該先看重仁義，只看錢，你連命都保不住。

前面提過，太陽花學運的思想脈絡，其實就是「人生不是只有錢」與「人生就是只有錢」的價值鬥爭。這是當代倫理學與價值學熱議的主題，引發者就是桑德爾（Michael Sandel）與麥金泰。他們回到古老的希臘傳統中，去尋找當代社會道德困境的解答，而他們的解答正好也對應到中國古人的智慧。

錢不是一切，還有更重要的事。

學生們知道這點，而發起運動。偉大的龍部長還說學生思想淺薄，其實有必要好好讀書的是她，別再和波士尼亞人閒聊了，聊半天妳也沒對伊斯蘭文化有什麼理解，不如回去把中國文化傳統經典好好重看一次。

利與仁

回到孟子。孟子能給我們什麼啟發？不管你喜不喜歡儒家，他在這段話中告訴我們兩件事：

一、只看重賺錢，會造成毀滅性的後果。

二、重視資源的適切分配與人際互動的良好關係，才能去除錢所帶來的問題。

這與西方德行倫理學與價值學的結論相同。只看重錢的社會將會崩解，重視德行（「仁」

「義」都是德行）的社群才能繁盛。

現在馬政府一直「利大於弊」、「利大於弊」、「利大於弊」、「Z＞B」的無限跳針，其實都是在談錢錢錢錢錢錢，也只談錢錢錢錢錢錢。

學生也知道自由貿易是不可逆的大勢，但更重要的是社群內部的利益分配與人際關係維持。有錢，但是家破人亡，好嗎？你賺到很多錢，但原本台灣的社會關係崩解了，好嗎？你的「仁」呢？台灣社會的溫厚人情要如何維繫？看不出來政府有相關解決方案，而且馬政府現在顯然以撕裂社會為樂，一舉一動都讓青年與老年對立起來。

你的「義」呢？面對自由化新時代的社會體制調整呢？大企業家賺得的財富要如何分配給廣大的基層百姓？沒有具體計畫，只有一堆經濟學的假設，假設這些賺到的錢都會自然分配到最基層。現在連勞保健保軍保公保破產問題都還沒解決，還敢假設會「自然分配」咧。

馬政府的態度，看起來就是要大家趕快趁機大撈一筆，然後逃離這個國家。這是在搞屁呀。以我對馬英九的理解，他這個人其實是百分之百的不仁（你和他不熟，也可以從許多新聞察覺出這點），他根本不 care 你們的死活，反正他全家人都隨時可以繞跑，台灣怎樣對他來說也沒差。

他就算心中有「義」的觀念，也是一種很素樸的義務論，他覺得是對的事，就會硬做，不管這樣搞會死多少人，反正其行為的最終目的就是要讓他自己「自我感覺良好」。

所以說，馬英九是當代的梁惠王嗎？

我建議你把《孟子》提到梁惠王的幾節都找來看看，網路上就有，那些古文不多也不難。如果你是「愛好中國傳統文化的保守派」，我相信你一定很輕易就能看懂。你會發現這個梁惠王知道自己有缺陷，所以不斷對孟子提出問題。就算自己做不到，改不了，他還是會不斷的嘗試發問，想要求得心靈的救贖。

而馬英九呢？他覺得自己永遠是對的，他覺得自己現在被罵，是為了救贖全台灣、全亞洲、全世界。

馬英九覺得自己是神。這就是問題的根源。

後語

我的看法其實非常簡單，尚不需用到西洋哲學，依中國哲學的標準，不管是儒家還是哪一家，馬英九的做事態度都是不及格。傳統的中國哲學概念因為脫離時空脈絡，被一般人認為較缺乏當代性，有些學者甚至認為中國沒有哲學。但我個人認為中國哲學還是有許多概念能夠刺激我們對現狀進行發想，不應直接否定其價值。

台灣多數人都受過中國儒家傳統的教育，就算不信這一套，也大概知道其理念，很自然能看出馬英九政權的問題。馬英九自己應該也清楚這些傳統理念，只可惜他花在反省的時間實在太少。

四、對學運的道德直覺與批判

做為網路評論者，我頗注重FB的輿論風向。318開始的一系列學運，我觀察到一種「論辯的循環」。學生控制立院議場後，網路上立刻出現「挺學運方」（以下簡稱A）與「挺政府方」（以下簡稱B）的大規模混戰。

基本流程

A主張學生大動作的合理性，其外在行為有什麼優點，而其背後理論、訴求又為何。B則主張這是種破壞政體的行為，應立刻予以驅離。

不過，大概只花了一到兩天的時間，A的訴求力道就明顯蓋過B。對話停止，雙方進入獨白，A的聲音產生共振（透過轉錄）越來越大，而B的聲音越來越小，發文只有固定的少數人按讚，且鮮少轉錄。

接下來是323進攻政院。B的聲音又再次快速放大，有許多原本的A轉去支持B。但隨著警察打人、造假、府院方愚行的消息傳出，B的力量又再次被A蓋過，到了325當天的白天，局面即已逆轉。在330凱道集會時，A的力量達到高峰。

這類狀況不斷重複發生，每當衝突事件發生，B的言論力度會上升到足以和A對抗，A就會發動理論論辯攻勢，B幾乎沒有例外的會越來越弱，再次回到獨白。

對於四一一晚間「中正一分局」前衝突的論辯，也有類似的現象。

這代表什麼？知識論學者可能會從「真理與方法」的角度進行分析，但我要從描述倫理學的角度來談。

批判與直覺

我認為A的倫理思考是「批判式」的，B則有很濃的「直覺」傾向。雖然黑爾（Hare）認為人類在面對道德情境時都是先採「直覺」，碰到兩難衝突再來「批判」思考一番，所以批判式的道德判斷比較「高檔」一點，但我認為這兩者其實處在接近的平面。

A方，也就是挺學運方，當他們看到衝突暴力的場面，思考的並不是暴力的表面道德價值，而是暴力的意義：「為什麼他們要採用暴力？」對學運方的暴力與警方的暴力，他們都會進行批判思考，找出其中的深意。他們許多人都能扯出一大套理論來分析事件，並證成其合理性。

B方，即挺府院方，當他們看到暴力場面，會運用道德直覺給予評價，包括否定學生暴力與肯定警方的國家暴力。但他們出自於道德直覺（可能來自於個人道德情感或是曾學過的道德規則）的判斷沒有明確的理由，所以他們的論述很「薄」，通常只有一句，類似於「我實在不懂為什麼這樣是對 or 錯」「本來就應該……」「我無法接受……」「××（法治、和平、理性等等）是大家應該堅持的呀」他們的論述太薄太短，又涉及一些隱藏或無法討論的前提，因此無法進入批判論述的情境。

有些人或許會很粗糙的區分A是理性派，B是感性派，但我不支持這種說法，因為「理性」與「感性」這兩個詞是什麼意思，還很有討論空間。A的倫理態度就是批判式的，所以會熱愛論辯，並期待有效率的討論。B的倫理態度是直覺式的，他們會強調道德權威性來自自身（或某種神秘的靈體，如神），認為不需要討論。

當這兩者在當代「充滿溝通與論辯」的倫理環境（要注意，這環境對B不利）撞在一起，一開始A和B可以在第一次發言時保持均勢，但隨著討論的發展，B會被慢慢的排除出去。因為A可以透過溝通與討論的過程來提升自己的論證，讓自身更強，有點吸收敵人基因強化自身競爭優勢的味道。而B只是一再執守自己的道德立場，沒有改良論述，當然會在競爭中越來越弱。這就造成我一開始提到的循環現象。

這是「真理越辯越明」的例子嗎？我認為這問題要交給知識論學者來探討，這不是我的專長。

脫離論辯

就我個人的淺見，我認為這種過程將造成一個不太好的後果：B會過得很痛苦，覺得為什麼大家的道德反應和他都不同，而與社群產生割離。原本討論是要促成社群共識，可是B的前提卻把他們越推越遠。

B會接受討論，但不接受對其前提的批判性討論，這讓其論述彈性變得很差。基於個人直覺的道德判斷，若是與其他人直覺的道德判斷不同，將產生相對主義的問題。

我舉個實例。323的驅離行動造成流血。許多B強烈主張跑到行政院的是壞人，警方用武力驅離當然是合理的。但這種言論卻造成B在社群中被排斥、被刪好友的狀況。

B當然有言論自由可以這樣主張，但這樣主張的同時，他們也把自己割離出社群。許多人同情行政院中被打的學生和民眾，不是因為認同他們入侵政院的行為，而是因為和這些人有人際連結，所以這些同情者的道德觀察，就不是完全割離的第三者，而是第一人稱角度的。「我」認識被打的「那個人」。

在323晚上，我看到太多動態類似於「那個白痴跑到行政院去幹嘛？誰還聯絡得到他，快叫他出來！」「我快哭了怎麼辦找不到他們。」「我要去把他們拉出來。」這些人很多原本是中立者，但B一直強調「他們活該被打」「我不會同情」，就等於是自外於這個人際連結。

這些B也不願意接受那些同情者的批判性論述（進政院雖然有錯，但警察打人也不對），當然就會把這些同情者逼去A了。這也是330活動有那麼多人的部分原因。

該怎麼解決這種問題？

我認為A應該正視B的道德前提，從他們的前提來進行批判。展示一些現成的倫理結論或政治哲學理論是沒有用的（如對他們談「基本人權」「公民不服從」「阻卻違法事由」，是講不通的），不直接捅爆他們的前提，無法真正破壞他們的論述。

他們只會「本來就是要○○××」「難道不是××○○」的一直跳針，你要追問他們的本來是哪裡來，難道是誰在道，並指出他們的前提其實是個人情感或信仰，而不是穩固的知識。

我也認為B應該正視溝通與論辯的必要性，道德是需要討論的，沒有明顯的標準答案。當你直覺認為「做某某一定是錯的」，那在多數狀況下，你的這種「認為」並沒有真正的說服力。你可以在經過縝密的推論後，確立一條道德原則來遵循，但我還沒看過任何一個B有這種推論能力。

從人心發展出來的道德直覺需要透過推理來證成，以免因為個人出身的文化中所蘊藏的歧視與意識形態而走偏了。在種族歧視家庭長大的小孩，可能會認為印傭不能同桌吃飯

「本來就是對的」。B必須思考自身論證的偏誤才行，特別是當你發現有人持有與你對立的意見時，你就該認真瞭解對方的論點，而不是直覺認定他人是錯的。

但這也只是理想。有很多B是道德智能障礙或史托克（Stocker）所說的道德精神分裂症患者，他們沒有足夠的理性能力。

該怎麼辦呢？如果他們不會造成什麼實質傷害，就先放著不管吧。把精力先放在對付那些這樣想又擁有權力的傢伙，想辦法誘騙他們進入論辯。唐湘龍等人不就是這樣被一再打臉嗎？雖然他還是不會醒，但打他臉的過程就是一場論辯，能夠啟發一些正在觀看的B。能救一個是一個。

後語

這是在學運撤出立院之後所發的文章。因為已經離開主戰場，那麼接下來就是展開理論的建構、反省經驗，以及展開論戰的階段。這個過程的主要目的是提升當事人自身的價值判斷能力與標準，其次才是改善對手的意識形態內容。我們不可能希求所有的學生都能兼顧二者，但至少應在前一方面有所得，才不會浪費寶貴的運動經驗。

五、學運的造神

太陽花學運造出了帆廷二神，之後又造出公投盟的蔡神，許多社運人士和批判者認為這是活動的「劣化」，「不應該如此」。講到「應不應該」，那就是倫理學的議題了，所以今天我就來探討一下造神的議題。

本文極長，想吃清淡小品來點小確幸的，可直接跳到最後的結語。「造神」在倫理學上可能有三種值：對的，錯的，無關對錯的。先看到認為「不該造神」的論證。我只挑選幾種主要的論述。

A1「他們是人，不能被造為神。」

A2「被造為神的人，將會收割大家的共同成果。」

A3「學運追求平等民權，是來自公民的訴求，不應該出現突顯少數人的造神活動。」

A4「造神活動只是媒體灌的迷湯，是種破壞學運的陰謀。」

再來是認為「可以造神」的論證，一樣我只選幾種主要論述。

B1「他們本來就擁有足以成為神的特質。」

B2「為了宣傳的需要，造神較能凝聚眾人的目光與動力。」

B3「為了建立強而有力的領導中央，強化某些人的曝光與權力是必要的。」

B4「媒體主動提供曝光的機會，結果是好是壞要看個人的運用。」

是否存在道德中性的行為，尚有爭論。不過有少數人認為造神是道德上中性的。

C1「造神是所有人類活動的必然，無法避免。」

C2「造不造神都對結果沒有影響，所以沒差。」

我整理並排序過這些論證，你不難發現A與B之間已存在辯證關係，A1和B1是一組，其他依序成對。我們就一組組的檢視看看其中的倫理學脈絡。

第一組

A1「他們是人，不能被造為神。」

B1「他們本來就擁有足以成為神的特質。」

這一組爭論牽涉到神的定義。學運中的「帆廷二神」是哪一種神？被崇拜的偶像？擁有神性的人（像古希臘那些英雄）？擁有人性的神（像中國傳統信仰的神）？或是超越的位格神（猶太基督信仰那種）？

應該不是最後那種，因為我們都看得到帆廷二神。也不會是擁有人性的神，因為帆廷都還是肉身。那他們是擁有神性的人嗎？的確有這個味道。他們的「智力」與「德行」被誇大、傳說化，但他們也有脆弱的肉身和人性。我們先保留這種定義。

最後一種是被崇拜的偶像。我相信對帆廷二神的批判，在這種意味上是重了些。他們的確有很多「信徒」「粉絲」「迷」以追隨偶像歌星的方式跟著他們。

製造「偶像」之所以「錯」的理由主要有二，一是把非神的當成神（來自基督教的神學傳統），以及此舉是把人「物化」至失去人性（來自批判理論傳統）。台灣多數人不是基督徒，第一點可以先放掉不論，先看第二點。

人渣文本

來自馬克思主義的批判傳統很在意人類活動中「剝除人性」的部分，他們談異化或物化，認為這是道德上錯誤的，讓人變成「非人」。台灣的社運份子多來自這種傳統或受其理論影響，自然會認為「製造偶像」是錯的。

描述倫理學者會進一步思考這種「觀點」是否廣為台灣人接受。我們在現實社會中還有許多偶像。除了政治偶像外，還有宗教偶像、影視歌偶像、商業偶像（成功的企業家）等等。偶像這麼多，拜偶像的人也多，我們實在很難相信這樣的社群會認為「製造偶像是錯的」。

我相信多數台灣人也認為「利用他人或自己的人格來追求某種目的」可能是錯的，特別是追求金錢方面之目的，就「比較容易有錯」。但如果是為了國家或某種遠大的目標，把人改造為偶像，可以嗎？

為了某些遠大目標，很多人願意犧牲生命或人格、人性，那把人改造成偶像，也可以達成遠大的目標呢？這似乎變得更正面了，因為當偶像有時還蠻爽的，不算是犧牲。如果是為了破除黑箱，為了台獨建國，為了終結核四等等的目的，或許「可以」製造一些偶像。如果連「製造偶像」的道德性都可以證成，那就別說是「神性的人」。

人渣文本

古希臘的英雄之所以有神性，是為了因應其社會角色。我們現在社會中也有許多被認為是「神性的人」，他們「被認為」擁有如神的能力（如陳金鋒等一流運動選手），或是擁有如神的德行（一些高僧大德，這我就不談實例，因為會引發爭議）。「我們」需要「他們」在社會上扮演一定角色，來執行社會任務，例如幫我們贏一兩場重要的比賽，出來勸大家捐錢等等。

這些人的生命完整性勢必被破壞、壓榨，以符應這種社會責任需求。我曾寫過一篇關於陳金鋒的論文，談的就是他被社會過度壓迫，以至於人生扭曲的困境。但我們需要這些人協助匯集社群意識，以追求「共同善」。他們可以讓大家停止爭吵，並主動交付某種集體、共同的資源以協助社群達成任務。

這種過程有對也有錯，社群需要他們的同時也壓迫了他們，他們享受神的利之時也承受了神之弊。這不是簡單的利大於弊的問題，這之中的利弊難以計算。在一般狀況下，台灣是樂於壓榨「神人」而追求特定目標的社會，比較傾向社群主義，因此B1的支持者勢力會較強。

這不代表他們是「對」的，我們還要往下看。

第二組

A2「被造為神的人，將會收割大家的共同成果。」

B2「為了宣傳的需要，造神較能凝聚眾人的目光與動力。」

這兩點都延續前一階段的理路。A2認為造神到最後，會讓「稻尾」通通被「神」割走。而B2似乎認為被割走沒差，主要還是要看事情能不能搞定。A2和B2有一個語詞的歧異，就是B2顯然是「有意」的造神，A2則較為不特定。這個差別會影響兩者在倫理學上的勝負。

「造」這個動詞有兩面，一種是無意識的，一種是具有明確目的。無意識的造神，可能是一堆人覺得一顆石頭有安定人心的力量，就幫他綁條紅布，插兩炷香，最後就變出個石頭公了。而有意的造神，像那種影視歌明星，就是商業體系花了大錢，經過細心規畫搞出來的。

以規範倫理角度來講，某些義務論者會認為造神必然是錯的，不論有意或無意，目的論者會看是善意或是惡意（或結果如何）。但從描述倫理的角度來看，台灣人是義務論的很少，而且通常是像洪蘭或李家同這些人，呃。

人渣文本

多數台灣人是目的論，對無意行為的批判較弱，而有意的行為，則要看是善意或惡意。善意或惡意，會牽連到「造神者」，這可能是「帆廷本人」，或是學運的「決策圈」，或是其「擁護者」，也可能是「反對者」或「媒體」。我們依序探討。

首先，帆廷二神，是有意自造為神嗎？

他們之前搞了一堆活動，弄了幾年，卻只有十幾二十個信徒，成效很差。但現在一個月內突然多了一千倍以上的信徒。或許這是過去行動積累出來的什麼「業力引爆」，但我實在看不出在「自我造神」上，他們這一個月內有什麼特殊表現，因為他們這一個月幹的事，和之前沒有太大不同。我認為應排除「自我造神」的可能性。

其次是「學運決策圈」造出帆廷二神。這有點可能，從外在來看，他們先是以帆廷為主，之後又推出一堆長相好看的新秀，效果也不錯。從公關的角度，要說這沒有規畫過，鬼才信。哪會這麼剛好，學運圈就沒有死肥宅和猥瑣哥嗎？

不過，這種做法算是惡意嗎？放個帥哥在邱毅旁邊超級比一比，感覺好像有點惡意哦？但在倫理學上也還好啦。要說善意，也沒那麼光明，他們的企圖就是讓門面好看一些，一如正常的廣告宣傳效果，只要沒有藉此夾帶不實產品，就不算是惡意。

那帆廷算是不實產品嗎？似乎有幾分不實味道，許多批評者強調兩人「沒到那個程度」，但在信徒的眼中卻直達「可以當總統的等級」。如果決策圈真有這種過頭的操作，那在道德上確實有錯。不過決策圈其實也只是推出這個產品而已，造神的推手不只他們。

「擁護者」，也就是信徒們，錯的成分可能還大一些。帆廷的形象很快就擁有一大堆副產品，軍綠外套、小熊，腐女化等等，這種原有符號的再製，讓他們從「形象良好」變成「神格化」。

雖然可能是出自「愛意」，但這種行為的確會讓「他者」覺得點點點點，甚至當事人、決策圈也會覺得點點點點。不過，如果學運決策圈認為這種發展「有助於推展其理念而接受」的同時，就會有點道德疑義了。這可能是種墮落。

這時我們不妨看看反對造神者。反對者其實也參與了造神，本來沒那麼「神」，你一直罵他們是「在造神」「亂造神」，ㄟ，對方就真的變成神了。而且被造為神的不只是帆廷，批判他們的，比如說妖西，也可透過這種批判過程「自造」為神。

這突顯「造」與「被造」是一體兩面。我們把帆廷推舉為神，我們自己也會成神，因為我們有的「造神力」，也是一種「神力」。所以每位幫帆廷按讚或按幹的，也都是小小的神。就算偉忠哥走音了，他也成為頗有喜感的神。

這種力的相對性沒什麼新意，很多學者討論過了，可在倫理學上的意義呢？這種行為就是常見的「互捧」、「造勢」或「作秀」，你看很多國、民兩黨民代對罵，其實是要拉抬彼此聲勢。如果是為了「你紅我也紅」「你爽我也爽」，具有某種「分享」與「共榮性」，實在不能說是惡意。當然也沒善到哪邊去。我們還需要更多的資訊，這要看到第三組。

第三組

A3「學運追求平等民權，是來自公民的訴求，不應該出現突顯少數人的造神活動。」

B3「為了建立強而有力，能夠打敗政府的領導中央，強化某些人的曝光與權力是必要的。」

這第三組的論述可以說是雙方的核心主張，於此展示了最關鍵的態度與立場。A方認為在這種追求平權的場合，造神就是不對的，尚不用看到其結果，是種強硬而缺乏彈性的態度。A方於此傳達出某種義務論傾向。B方則有很強的目的論風格，有點為結果而不擇手段，因此就必須擔負著惡性結果（有了威權中央，卻又無法打敗領導政府）的風險。

在規範倫理方面，B3並不是一個很健全的論證，就算這個體系運作順暢，威力十足，神也樂在其中，但這一切在將來還是會有劣化的可能。如果目的論必然會連結到「對結果的預估」，那就不能忽略這種走向極權與腐化可能性。但看來他們是忽略了，這會是其立論的致命傷，人家只要抓著一直打就好。

A3的論證比較健全一點，但還有兩個問題。第一個問題是缺乏彈性，如果造神可以退回服貿，讓台灣獨立，讓中共滅亡，那你要不要造這個神？直接把造神封殺掉，只會讓自己手段更少，體質更弱而不是更強。此外，A3除了面對缺乏彈性的質疑，也需要面對「為何你這種主張是對的？」的質疑。「平等民權是好的」其實是種道德直覺，他們應該加上一些輔助論述以證成這的確是好的。

於描述倫理的角度上，前面提過，台灣傾向目的論的人較多，因此B3具有一定的壓制力。A3就算公共論辯能贏，但難以獲得多數人的支持，因為他們彈性太低，但可以收到一群忠誠的「信徒」就是了。雖然他們反對造神。

第四組

A4「造神活動只是媒體灌的迷湯，是種破壞學運的陰謀。」

B4「媒體主動提供曝光的機會，結果是好是壞，要看個人的運用。」

細心的朋友或許發現我們在第二組那邊漏了媒體沒談，那是因為要在這講。A4認為，不論是統媒或獨媒，媒體的特性使得他們必然會造神，而站在學運反面的統媒之所以更愛造神，是因為想要把人扶成神後，再一口氣摧毀。這會讓集體的努力毀在一兩個人的形象破滅上。

B4在此轉為結果論，認為要看到最後才知道是福是禍。這種「隨喜」的態度其實就是對媒體造神的認同，因為對他人的行為不反對，其實就是一種支持、接受。

因此媒體不見得是A與B的共同敵人。要注意，A與B絕大多數都是支持學運方，而多數的傳統媒體是站在學運的對立面。但在造神的活動上，B採取一種妥協與接受的態度，這會讓他們陷入「為了利益而犧牲原則」的批判。

結果論也會有其他的問題。如果B的主訴求仍是種公共利益，「公共利益」加「結果論」加「為了利益犧牲其他原則」，那麼他們將走向效益主義。效益主義的問題在於犧牲少數，那他們為了「公共利益」，打算犧牲誰？被糾察隊抓走和制止的那些人？

中立組

最後我們要來看到中立派。

C1「造神是所有人類活動的必然，無法避免。」
C2「造不造神都對結果沒有影響，所以沒差。」

C1呈現出一種命定論的立場。確實，所有存在的人類社會活動都有造神，烤麵包有麵包之神，騎車有車神，打電動有統神，就算吃牛肉麵也有吃牛肉麵神（第一代還送過我大台北牛肉麵評鑑書）。但有這個事實，不代表應該如此，「實然」無法推出「應然」是倫理學的常識。你每天睡過頭，不代表你應該每天都睡過頭。

C2是一種結果論加命定論，它可避免C1的「實然」「應然」問題。但C2是隱性的支持造神派，他們由結果來認定「造神」是「沒差」，無法說服反對造神的義務論者從「手段」角度的批判，因為某些義務論者不管結果如何，單純只以手段論道德高低。只要找到一個造神的不良影響，就可以推翻C2的說法。

神話的最後

透過對雙方論述立場的疏理，我們能看到什麼？

反對造神者展現出一種義務論的立場，認為造神這個舉動本質上就是錯的，尚不用看到結果如何。但他們面對「結果看起來好像是有利耶」的質疑，將會缺乏反擊的武器。帆廷二神的確擁有某種神性魅力，也吸引到一大批信徒，讓整體活動聲勢更壯大。

有些反對者因此轉向結果論，尋找「造神」的惡果（稻尾被神割走，或容易害整體被打擊），又或是強調「造神」所帶來的結果並無差別（馬英九還是不理），但這兩類說法都代表他們會考量結果，自失立場。

在描述倫理上，如果你反對造神，要嘛你會因為沒有吸引力，導致人少，而在現實競爭中落敗，要嘛就是透過這種反對，也把自己提上版面，成為對立的另一種神。

支持造神者主要持目的論立場，認為造神可以幫助我們達成一些更遠大的目的，確實看來初步的結果也不錯，也沒有什麼明顯的壞處。但這種說法的內在隱憂是對於未來的預估太過直線與樂觀，而歷史上我們總能看到許多這類體系腐化的例子，甚至帆廷二人也都察覺到這種可能。

支持造神者現在還佔了人數的上風，擁有主導優勢，但他們也要面對盛極而衰的困境，如何維持與轉化這種力量，需要更多的用心，這不是畫插圖腐個一下就可以解決的。而我認為持道德中性立場者比前兩者的論理更弱，於此就不深論。

最後的最後，要提醒各位，在展開思考前，先別直接對某種人類活動「打×」，亂給它們負面的評價。任何行為在缺乏背景脈絡的狀況下，都難言其對錯。

也請由更高的角度來審視整個爭議過程。「造神」之所以會成為爭議，是因為論者也希望成為某種神。「他們」、「你」與「我」都是如此。但實然不代表應然，不論是他們、你或我，都該思考自己為什麼會想成為神，打算如何成為神，成為什麼樣的神，還有成為神之後想幹嘛。每一個環節的差異，都會讓道德價值產生激烈的轉變。

後語

學運的造神之爭，吵到我撰寫此書之時（八月份），已經轉變成「神」到處亂衝，過往抬轎者心有不甘而發言批判的階段。這都是正常的「自然能量釋放」，也只有經過這些過程，才成看出造神過程對每一個行動者自我的真正意義。

我的總評只有一句：「如果沒有神，學運不會如此成功。」忽略了這點，或是企圖否定這一點，都是過度簡化的看法。造神只是個手段，沒有手段是絕對惡或絕對善的。

肆 小分類學

這部分蒐集了一些介於搞笑酸文與真實平論之間的文章。我把出現在學運時期與之後階段的各種人物角色做了分類，也對於將來發展略作推敲。分類總是「不公平」的事，我主要是藉這些文章罵一些人，但也藉此想鼓勵一些人。相關者必有所感，無關者也可以思考，之所以將人分類，到底是分類者所造成的，還是被分類者自己所引致的。

一、會受到服貿衝擊的幾種人

有學生問我「哪些人會受到服貿的負面影響呢？」其實我前文提過，但不太具體。有一些經濟學家也談到這個問題，今天我要從倫理學中人格特質的角度來談，讓大家看看自己有沒有在其中。如果你知道好朋友就在其中，那快點通知他大事不妙。如果仇人也在其中，那……祝他一路好走。

策略推估低能者

推估策略就像下棋一樣，高手能推出五六七八步之後的局面，而低能兒只會看到眼前的「兵」可以吃。像現在的學運爭議，許多人就展現非常低劣的推理能力。四月四日晚間，傳出警方有可能清場。在相關新聞下面的留言中，可以看出不少「擁府派」百姓大力支持，要求警方盡快清場，把屁孩弄走云云。這種人就是策略推估低能。

在四月四日這個時點，是學生軍最低潮的時刻，他們巴不得警察進來把他們海扁一頓（因為蠢警察很多，一定會有亂打人的），這樣才能製造新一波的高潮。

正確的總統府方戰術，是放學生在那不管，讓他們自相殘殺，人會因時間拖長越來越少。就像白狼「路過」當天，如果他爆衝，才是對學生軍大為有利。結果是去現場搞笑的，不少學生軍的「軍師」應該是有點失落。

這麼簡單的戰術圖都推不出來，或是無法理解，只會在那「清場好耶！」「警方快給他們點顏色瞧瞧！」的鬼叫，這種人面對服貿的影響，是能推到幾步以後？

我無聊時，會去點看看這些人的學經歷，結果常是悲嘆與同情。這就是會被服貿淘汰的第一種人。

到現在還弄不清楚狀況者

到現在還有學生問我：「老師，請問服貿對我是有利還是有弊呀？」這種人也是掛定了。新聞已經播多久，資訊已經有多少，看懶人包就算了，還有很多人連懶人包都不看，認為「做好自己就夠了」。這種人，也是服貿一來就會掛的人。

資訊不對稱是追求自由市場過程中的一大問題，在缺乏保護的狀況下，資訊少的人就是會吃屎，而完全不關心資訊的人，就是連屎都沒得吃的人。

早在服貿爭議發生前，我就提醒學生去瞭解一下這東西是什麼。相信課堂中九成九的學生都沒注意到我曾說過這件事，連我自己都忘了講過，但某次無意間挖出二月份的「學期初提醒學生注意事項」，上面確實有這條。

等學運發生了，才趕著去瞭解，此時猶未晚矣，至少有去瞭解。等到學運都已經鬧了十天半個月，你還在憨螟？幫幫忙，你已經 OUT 啦！

認為電子與書面資訊一定對，個人經驗一定錯者

我碰過許多學生表示他聽到某某學運資訊如何如何，我說，這和我知道的不同，我可以保證真相是怎樣怎樣，因為我看到又是如何如何。結果他堅持自己的資訊是網路上看來的，很多人在傳，應該比我可信。

人站在你面前講自己的經驗，不代表他一定是對的，但你至少可以從他的人品和知識模

人渣文本

式去判斷其可信度。特別是個人親身經驗的描述，這會是很重要的推理思考起始點，這也是我們學術研究之所以強調一手資料的原因。

對根本不知道是怎麼製造出來的那些二手資訊，最好小心一些。有很多人認為電視說的比較可信，政府文件印出來比較可信，網路上某某轉述的比較可信，因為「那些公司很大耶」，「這東西很多人在傳耶」。但我站在你面前講的，你就是不信。

不論是擁服或是反服方，你如果也抱持上述的態度，那你也是OUT了。電視怎麼可能會比較可信？那個都扭曲幾手了。政府文件？拜託你是看得懂政府文件喔。網路資訊？網路還有抓到大海怪，馬航飛到洞穴裡的資訊咧。

如果你過濾知識的態度是如此的粗糙，你在服貿海嘯來襲的年代，一定會被垃圾資訊淹死的。

期待服貿過了再來想辦法賺錢的人

說穿了，服貿的主要獲益者，就是現在已經獲益的人。不懂？

服貿的利益不會等到通過才會實現，早在通過之前，就存在著預期會通過而出現的「套利」的空間。許多企業家、資本家、技術工作者，早就調整投資與營利模式來因應將來轉變。

這些人就是逼馬英九盡快通過服貿的主力推手，因為他們早就「都準備好了」，「該花的錢已經開始花了」，甚至「該賺的錢已經賺了」。如果服貿沒有如期通過，他們的投資計畫就會出現問題，因為之後預期的獲利會進不來，而前面的錢已經先付或先借了。不要傻傻的以為服貿過了之後，你才需要開始想辦法賺錢。人家飯碗早就在搶，而且搶光了。你是要分什麼菜渣？等到服貿過了，你滿心歡喜要去借錢投資，就會成為被殺在最後一手的呆胞。

除了以上四類之外，還有許多其他類的人（如「認為堅持專門技術就能夠生存的人」、「只要有房地產就一定能撐過去甚至大賺一票的人」），在服貿，甚至自由貿易的時代，都會是倍受衝擊的人。

接受衝擊並非全然是壞事，只是這些人的體質通常不佳，一次的衝擊就可能會倒地不起，永遠無法振作起來。而他們又常因為自以為是而對衝擊全無準備，更容易一槍斃命。

就算事後發現自己被賣了，也補不回來。馬英九一直強調結婚後可以離婚，但多數人並不是靈恩派，沒有一個夠屌的上帝來恢復他的處女膜。

而能承受服貿衝擊的人，如我舊文中的描述，許多正是主力的學運份子，甚至是活動的重要財務支持者。我知道一些在兩岸事業有成的青年企業家或投資者，默默到現場巡一圈，或只是上網看了物資需求表，卡就拿出來刷下去了。他們很多人是去贖罪的。贖誰的罪呢？

後語

劣質政策最大的受害者，往往就是那些以為自己將因此獲利的人。因為一個政策之所以劣質，通常是因為其利益只為少數人所截獲，但卻裝成大家都可以獲利。人家早就都分完了，隨便騙你，你就信了，那他不殺你這種肥羊，要殺誰？殺那些會叫、會抗議的嗎？很多事想了就會懂，但想都不想，就在那堅持己見，實在是很難看。

人渣文本

二、沉默的零

最近社會議題的衝突越升越高，有人說我們社會趨向於兩極分裂。就我看，現況也只是學運方和警方、府方一直衝突，基本上沒有太大的全面性對抗。學生可以弄出幾十萬人，而另一方弄不太出來什麼人，對抗力度不均。

真正的對立分裂，是要像泰國那種紅黃兩色各幾萬人在街道上大戰。台灣這邊，挺府院的民間力量實在低到破表。

我想府院方應該也希望能有幾十萬人站出來挺他們，但現實上的西瓜靠大邊效應，以及下述的五點理由，讓他們的支持者從現實世界中消失了，只剩網路意見發聲。但網路講講沒有用，學運方早就發現要站出來鬧才有用。過去的「萬人響應一人到場」魔咒，學運方已成功破除，但在「挺府院方」卻非常嚴重。

挺府院的百姓不站出來，理由大致如下：

1 不想造成政府方面的困擾。人多就要警力維持，警察已經夠忙了。

2 政府的行政機器所產出的力量已足以代表自身的意見。

3 愛好和平，不想起衝突。

這是表面的理由，還有其他的隱藏原因：

4 沒有能一呼百應的民間領導中樞。別忘了紅衫軍還是找施明德這種外人領導。

5 沒有錢可以領，就不想出來挺政府。學運會有一般百姓掏錢，國民黨相關的活動，就算百姓再怎麼挺，也覺得應該是國民黨掏錢。

不管理由是否合理或太過現實，其共通結果就是沒人站出來。許多挺府院派認為他們是「沉默的大多數」，只是不出來表達意見。我想，這些「沉默者」就算不是真的多數，至少也有個三成人口吧，但他們若不具體反應，就等於是「零」。

他們其實是「沉默的零」，在政治上等於不存在。這種退縮態度造成政爭力道上的不足。這些不出面的人，只有在投票時會發揮作用，但投票機會越來越少，兩年才一次，也就是他們的力量要兩年才能發揮一次。而學運抗爭者隨時都在要東西，而且越要越多，你可以發現府院方被迫不斷讓步。這代表挺府院者的權力（與權利）一直在流失。

因為挺府院方只打算用選票表達意見，是以會不斷訴求「代議制度」，但若學運方一直影響代議制度的運作，他們將無從應對，只能在家跳腳。這就是把雞蛋全放在一個籃子裡，人家把籃子搶走，你就完了。雖然這種「全押在代議制度上」的作法可能是「道德上的正確」，但也是「策略上的失敗」。

學運份子現在甘冒道德批判，全力的攻城掠地，而警方、府方、各方只是空談道德高度，在實務防線上一再崩潰。到現在，我看挺府院方仍堅持「潔身自愛」，其作法依舊是「網路按讚和發表意見」「打電話投訴」「以傳統媒體猛攻」，其實都和在房間裡打手槍差不多，沒辦法擴大實質影響力，只有擠在一起的取暖力。

這是政爭，不是中華民國道德清談大賽。除非挺府院方全是那種「即便被人整盤端走，也要堅持清談」的竹林9.2閒，否則是該想想具體的作法為何了。

自己沒人？你知道陳為廷之前去劉政鴻家潑漆時有幾個人嗎？要不要做的差別而已。當然，還有一種可能，就是根本就沒有「沉默的大多數」，也沒有「沉默的多數」，更沒

人渣文本

有「沉默的相對少數」，只有「挺府院的極少數」，所以生不出人頭，也沒有人才。這就不是「沉默的零」，而是「根本的零」。

那就悲情了。我想實情應該不是如此，對吧？

後語

太陽花開啟了一個大規模行動的時代，不管支不支持太陽花的主張，你都非動不可，否則就是掉隊了。在後太陽花時期，這種「四處行動擴張實力」的作法越來越廣泛，相對來說，不採任何行動的人，會在下一次的利益劃分時被踢開。因為你沒動呀，人家就當你不存在了。並不是只有反學運者有這些問題，隨著時間拉長，一些慢慢不動的學社運份子，也漸漸被排除出權力競爭場。資源是非常有限的。

三、幾種學運中立派

自從我提出區分學運方（A派）與挺府方（B派）的描述倫理論述後，引發了一系列的爭論。在討論過程，出現一個我認為值得進一步探討的議題，就是中立派（C派）是否存在。其實我以前就提過這派的存在，但談得很少，本文就來談幾種主要的中立派。

隱藏挺府方的中立派

他們支持政府，但是因為反服貿的力量太強大，所以先龜縮起來。這一派人數很多，幾乎都會在學生從立院退場後跳出來指責學生。他們的共同特色是理論薄弱，主要訴諸一些個人生活經驗，以及年齡所帶來的權威。

他們其實就是B派，只是比一開始就跳出來戰的B派更淑娜。躲了那麼久，卻也沒提出什麼更好的論證，一如普通的B派，都訴諸個人直覺。

他們的起手式是「我沒有特定的立場」「現在學運退場，大家冷靜了，我可以跳出來說幾句公道話了。」

他們的問題是沒有比B派更好的論證，反而在道德勇氣上比B派更薄弱。B派至少有LP跳出來和A派的人海大戰，而這種C派都等人打完收工，才跳到場中哼哼哈嘻快使出雙截棍，實在是點點點點。

無知的中立派

就是什麼都不知道的人。我在前文〈會受到服貿衝擊的幾種人〉裡提過，大家已經戰翻天，他卻啥都不知道，也不關心，這就是會被服貿淘汰的傢伙。這種人以樂天知命為傲，但因為搞不清楚狀況，加上大家分割利益時，總是會喊、會叫、有跳出來鬧的人才分得到，所以這些人將面臨被遺棄的命運。

他們的起手式是「這我沒在關心耶！」「我覺得好吵好煩喔！」「都沒有其他新聞！」雖然A派或B派都很樂意救這種人，但這種抱持依賴心態的人，其實就是政治上的寄生蟲，只靠別人的努力而活。

批判的中立派

有些人兩方都批，他們批A派自以為是，以正義為名就在惡搞，他們也會批判B派太過天真直覺，禁不起論證的考驗。

這一派抱著邏輯原理與科學知識，四處攻擊，但他們缺乏主體價值，你不知道他們的主張是什麼，好像就是科學或邏輯萬能論。他們雖然能揭開雙方的謬誤，但並沒有創造出什麼知識。他們常以為自己是真正的智者，但行文內容專有名詞太多，其實大家都看不懂，溝通效果趨近於零。

他們的起手式是大量的名詞「這是稻草人謬誤。」「這是凱派的浪漫想法。」「你應該先瞭解法實證主義的極限。」

他們是當代的詭辯學派，花了太多時間駁倒，卻沒有建立什麼。因為他們擔心一建立什麼，就會被更強的高手駁倒。其實也是一種淑娜。

無為派

我在〈誰的正義？哪種理性？〉一文中探討過這種態度，但沒有說得很清楚。他們是無為主義者、失敗主義者，雖然和無知派在行動上有點像，但他們其實是有知識的。他們可能曾經是過去的A派或B派，但在人生的競爭場中失意、受挫，而成為這一派。

你提出什麼想法，他們的結論都是這會失敗，不如不做。但他們還是有一些基本原理，例如權力強大者必然會勝出，優勝劣敗，認為意識形態或價值觀不是重點，能力與實力才是決勝點等等。

他們的起手式是「這沒有用啦！」「最後也都是有錢人在賺，窮人都在吃大便。」「你以為你真能改變社會嗎？」「最後只是幫人抬轎。」

這些人的問題在於他們只是想拉其他人下水，希望其他人和他一樣無能或失敗，有過度保守主義與依附權威的傾向。我個人認為這比較接近漢娜鄂蘭「平庸的惡」概念。（有些人認為「平庸的惡」是不思考，因此是無知派，或是B派，但我個人的詮釋，是這些平庸的惡人其實知道一些東西，否則無法擔任社會角色，且經過挫敗或害怕等經驗後才淪入這種立場。）

其他主義派

這派認為服貿、佔立院，或暴力行動等等都不是重點。他們會去瞭解這些時事，瞭解之後還是認定這不是重點，大家都太過情緒化了，還有更重要的事。比如說核四比較重要，電磁波比較重要，ETC 比較重要，教育問題比較重要，佛祖媽祖耶穌阿拉美江比較重要等等。

也有一些知識份子屬於這派，他們認為要拉高思考層次，而不是卡在低階的服貿立法爭議與法律的枝節上，像是應該論辯貿易自由化與憲法議題，因此 A、B 派的訴求都太低階，沒有思考的必要。

這派人馬的起手式是「大家搞錯重點了，還有更重要的事是……」「我認為要解決雙方爭議，應該看……」「只要相信佛祖（or 上帝），就可以解決爭議。」還蠻多元的，不過就是「重點」往往和大家不一樣。

他們的問題在於「把自己的價值觀凌於他人之上」，當其他人都關注某事的時候，那不叫民粹，而是集體意識的展現，你如果是智者，應該觀察並協助解決爭議，而不是一心只想自己的法寶在兵荒馬亂之際拿出來推銷。

還有沒有其他中立派呢？應該是還是有，但不多就是了，所以我只舉這五派。你可以發現我對他們都持反對立場，甚至比批判B派還嚴厲。

我國傳統文化講「中庸之道」，但中庸之道並不是平庸，也不是中立，而是在「過」與「不及」間取得巧妙的平衡。上述五者都是過或不及，何來中庸？

後語

中立不是弱者能玩的角色，沒有本事，就別學瑞士搞中立。你資底不足，遲早被迫選邊站，而晚站當然又不如早站，因為早去早分，晚去就「看人甲奔」。真能展現中庸，都是在特定立場裡面表現出一種溫和又堅定的態度，而不是躲躲藏藏，不給人看自己的底牌。被我們認為言論「客觀」的學界大師，其實都有很強的主見，但他知道怎麼尊重和理解別人的立場。

四、將來會出現的社會運動團體

從太陽花學運以來，社會運動一個接一個。雖然參與者都有固定的脈絡（都由舊人或學運份子主導），不過也慢慢轉變出新的方向。在和朋友討論後，我認為將來或許會出現以下這些新興社會運動團體。

反共救國團

雖然我們早就有救國團了，但是他們也從反共救國團轉型為青年救國團，變成地球村美日語之類的補習班，不反共也難救國囉。但救國團的名稱那麼響亮，我認為一定會出現仿冒團體，而這個仿冒團體是真的要反共救國的。

我們社會上現在有兩股人馬，一股是非常反共，認為自己國家自己救的那種，他們看共產黨非常不爽，也看在台灣的共產黨同路人非常的不爽，他們更看主張和平路線的太陽花和嘴炮路線的大腸花不爽，因此自行全面武裝勦匪，四處找親共人士的麻煩。這是第一票可能組成反共救國團的人。

第二股可能成為反共救國團的力量，是來自傳統國民黨內部，說不定還來自復興崗，因為聽說復興崗他們超哈小蔣的。這票人可以稱為蔣公黨，是一九五〇至一九八〇年大小蔣極盛期意識形態的忠誠支持者。他們不只是會唱種花敏郭而已，他們會真的武裝重振中華民國。他們搞的活動有可能是佔領中正紀念堂，並以那個大廟本體為根據地，出發清勦島內的匪諜和為匪張目的不肖匪報。每次出發勦匪前可能都會祭拜大廟裡面的蔣公一下，出去殺朱拔毛後，會把匪首抓回來當作祭拜蔣公的三牲。

因為有這兩股龐大的力量存在，所以我認為反共救國團非常有可能出現。說不定兩股都會各有一團，然後在總統府前互幹哩。

警察糾察隊

因為警察打人時都沒有識別標誌，造成了假警察和警察暴力無從察查的爭議。當這種爭議不斷上升，就會出現警察糾察隊了。

「糾察隊」和「醫療通道」由太陽花學運發揚光大，彰顯了秩序與人道兩大理念。本來糾察隊是用來管抗議者自己人，不過當滿街都是沒有識別標誌的「可能假警察」時，就自然會出現裝備完整、武力強大的警察糾察隊。

這些警察糾察隊可能是由抗議民眾組成的，因為他們受夠被警察痛打又抓不到兇手；也可能是由警方的警眷或退休人員組成的，因為他們想藉由這類團體來端正警察形象，或漸次發展出警察工會。

這些警察糾察隊會以全副武裝的方式，站在警察的旁邊，當警民衝突發生時，就衝過去把沒有識別標誌的警察拖出來痛打，用束帶綁好，然後用一週內不會褪色的墨水把對方的臉塗黑，方便之後檢方的偵辦。他們說不定也會買水車之類的東西，以免這些沒識別標誌的假警察反抗。

當然，隨著警察糾察隊的誕生，假警察的狀況也會惡化，或許會出現「假警察衝組大隊」，待機偷襲「警察糾察隊」。這就形成了一個不斷發展的食物鏈。民眾抗議，沒識別標誌的警察打民眾，「警察糾察隊」打沒識別標誌的警察，「假警察衝組大隊」又打「警察糾察隊」，「反假警察衝組大隊糾察隊」又追打「假警察衝組大隊」……

我們都知道，食物鏈越多層，越完整，這個生態圈就越健康。因此這樣的發展真是可喜可樂。

天龍人末日教

這個末日教已經在發展了。很多天龍人之前過太爽，自學運以來，卻是真的感到挫賽。他們認為學運份子在亂，社運份子在亂，現在連一些媽媽小孩都出來亂，社會失序了，每天優雅的生活節奏被打亂了，更要擔心會被衝組抄家，發生革命，共產黨打過來，一切好日子就沒了。

學運剛開始時，他們還振振有詞指責學生不禮貌，接下來是罵不理性，再來是罵暴力，等到衝突升高，他們開始喊暴民要冷靜，發現沒用後開始哀求大家回去靜坐，又發現沒人理，最後只能開始祈禱。這時宗教就誕生了。

其實這是因為他們始終都只是嘴炮，啥事都沒幹，當然沒效。或說他們一直以為馬英九政府可以控制住局面，但這樣想就太樂觀到形同智能不足，因為就是馬英九什麼都搞不定，街上才會滿滿都是人。

這個宗教需要一個引領教團的大師。我不知道這人是誰，也許是偉忠哥，也許是飛碟三寶，也許是馬英九的女兒老婆也說不定。

這個新興宗教可能會在奇怪的地方祈福：當抗議份子大鬧中正一管區時，他們會在貴婦百貨集體靜坐，說不定還會叫個馬卡龍來配一下。最好不要叫麻辣牛肉拉麵，我上次吃過，非常普通。

他們企圖以這種虔誠的靜默和消費活動來感動上天，以免台灣的集體業力一次引爆。這種末日教的高潮就是末日來臨（核四爆炸？中共打來？帆廷稱帝？台灣不再賣馬卡龍？）與救世主的出現。之前他們曾以為白狼就是那個「THE ONE」，但目前看來是有點失望。不過救世主還沒來，或許代表一切還OK。

將來會出現的超炫社運團體，當然不只以上三類。或許也會有「帆廷神教」，「究級正版奧義基進側翼」，「悲（逼）哀NGO」之類的現有團體演化。為什麼會這樣一團亂呢？因為，只要馬英九這個輻射核種不改變，台灣人民出現什麼突變與演化，都會是很合理的。生命會自己找到出路嘛。

後語

事後有網民提醒我，民運人士林保華先生的確已成立一個反共救國團，但為了保持原文結構完整，加上該團體宗旨與行動和我的描述也有一些落差，於此就不刪改內容。

這篇諷刺大於實質論述，不過還是有一些點是我認為必須深思的。若事主遲遲不出面解決問題，問題也不會自己消失，還會變得越來越複雜。受害者呢？其實都會是主事者最忠誠的低階支持者。

每到選舉，都會有低階的國民黨支持者出來發動投廢票運動，以表達他們的不滿。這種表達方式有用嗎？我只能說，他們的聲音微弱到連自己的嘴巴都傳不出去。

人渣文本

五、將來或許會出現的政黨

〈將來會出現的社會運動團體〉一文引起廣大的回響。有人進一步問我會出現什麼樣的政黨，比較有影響力的那種，而不是搞笑的社運團體。我想了想，可能會有以下的這些新政黨，在最近的十幾年內誕生。這些政黨包括次世代青年黨、國民陣線、革命黨、正妹黨，以及人渣黨。

次世代青年黨

過去國民黨威權統治時代，有個附屬政黨叫青年黨。現在這個黨已經老化到幾近消失。不過，隨著學運刺激出一個世代對抗的環境，我認為會出現一個新的青年黨。

這個黨的組成份子與支持者會以一九七六世代以後的人為主。這個世代擁有較多網路與媒體知識，其領導份子有相對較高的知識水準與經濟能力。他們很可能是以新加坡人民行動黨的經營方式為主要路線，以少量青英黨員為基本形態。

他們就是要對抗「退休世代」，要求砍除、刪減退休人員的福利與退休金，大規模修正勞健保制度，增加資本利得課稅，追求教育與農業的自由化。簡單來說，就是打擊沒有生產力，不需繳稅，卻領很多補助的既得利益者。

依這種意識形態風格來看，他們會在選民結構較年輕的地區取得一些地方議席，甚至是中央的不分區。他們將以短期存在的小黨自許，不企圖執政，但會與執政團體聯合以取得立法上的優勢。

他們的主要標語概念大致會是「政治是未來，不是過去。」

國民陣線

台灣有一股很強大的基層保守派力量，也有一股很強大的勞動勢力，但缺乏屬於這種成分的政黨。強調「國民」而非「公民」的國民陣線會是這些人的最佳選項。他們受到社會運動的提示，終於產生自我權利意識，同時也會團結在出身自這階級的新興政治人物之下，拒絕來自上層階級的傳統政治人物。

其吸收目標是月收入一萬八到八萬一的百姓，否定人人平等，強調基層勞動者的重要性。領導者可能是傳統政治人物的助理出身，擁有許多政治技能與知識，也有許多舊人脈資源。他們會積極吸收國民黨支持者中的固守台灣派，反對企業家與社會上的寄生蟲、啃老族。

主要政見是對年收入百萬以上者大舉加稅，同時減少對於弱勢者的補助，要求所有人都實質勞動，自力更生。不強調政治參與的知識面與權力面，因此講國民不講公民，強調無知者與低學歷者的實踐技藝。

他們走選舉路線。因強調階級對立，會用一切文宣力量集中攻擊企業資本家，以獲得目標受眾的認同，但也同時以政治力量威脅資本家出資贊助其政黨。因為非常務實，加上在某些地區擁有較穩固的選民組織與政治經驗人材，不但可能獲得地方執政權，甚至是議會過半。

他們的主標語是「當我們站在一起，他們才會害怕！」

革命黨

台灣已有革命的動能，之所以沒有革命的發生，不是因為軍警勢力龐大，只是因為革命份子擔憂中共藉機入侵。如果沒有中共撐腰，馬英九這種統治能力早就被推翻二十次了。革命份子會思考如何轉化這種動力以「和平演變」，最好的方向就是走向立憲。

這些革命黨人來自激進派的學生與社運份子，認為天下是打出來的。他們的贊助者是一些從事新產業的企業主，這些企業主過去也是學社運出身，或是和政府有不愉快的合作經驗，認為其迂腐顢頇。革命黨人不多，但議題營造能力很強，會以大量的「事件」提升地位與重要性。

他們雖是革命黨，但從街頭到議會都會有他們的身影。他們只能獲得很少量的議席，但會利用這發言權提出「第二共和」的主張，要求重新制憲，並且和有同樣想法的政黨提前展開制憲會議，理由是革命後或執政後即有改變國家的依據。

在活動風格方面，不論在言語與行動上具有強烈的暴力傾向，雖然不到興中會同盟會的程度，但至少會以牙還牙以眼還眼，執政黨怎麼對待他們，他們就會以相同的文武暴力回擊。例如以類似黑名單的方式，製作支持國民黨者的藍名單或親共人士的紅名單，以形成潛在精神壓力。

人渣文本

他們的主標語會是「第二共和」。

正妹黨

有選舉經驗的人都知道，正妹候選人，威力加三成。是以將來必然會出現正妹黨，全部候選人都是正妹，黨主席是美魔女，黨員則不限，阿宅亦可，反正他們只負責當苦力和繳錢。

他們沒有什麼具體政策規畫，但會有很多促進阿宅與服飾美妝產業的零碎政見。在所有選區推出候選人，但主要力拚不分區。選舉理念是「選個老頭吃太陽餅，不如找個正妹餵你吃餅。」選上之後再與其他政黨合作，交換利益。可能會非常貪腐，但因為是正妹，所以選民會覺得沒有關係。

活動風格方面，因為政策太貧乏，所以實在沒辦法有太多的發揮空間，頂多就是告急時穿比基尼出來握手。他們會對同選區的歐巴桑候選人造成極大精神壓力。

他們的主標語會是「今天開始，您終於可以選擇想要的服務」。（相對於這種男性向的政黨，當然也會有女性向的「型男黨」，於此就不重複討論了。）

人渣黨

感覺像是小弟所創的政黨，但也許會有渣中之渣的渣哥率先創立。講求「以渣制渣」，因為政客都是人渣，所以你需要效忠你的人渣，才能控制一方田地。黨首會率領一批嫻熟政治操作的政客供支持者驅策，運作將以「政治人物—後援會」的在地緊密結合方式進行。不求人多，只求重點議席。

主要的政策是「國父遺教」，土地平權，漲價歸公。但完全歸公好像也不太合理，所以採部分歸公，比如說遠雄、遠東等集團的土地漲價就一定歸公，其他百姓的土地可以慢慢討論。土地房屋稅合一，依市價徵稅，土地越多稅越重，交不起稅，土地就沒收當作健保補充保費。

改革退休金制度，勞保和軍公教退休金劃一，大家都至少可領基本薪資月退，但最多也只能領22K。不爽的可以退出，但政府只會發還你原來繳的本金。

在活動風格上，表面上講求和平溝通，理性共榮，但私底下會來陰的，比如找個普通太太出來當候選人，選上之後大家才知道她其實是空手道六段以上，若有立委再來個三十秒通過，就直接在議場斷他手腳，讓他重殘無法回到議場開會，直接少一票，這樣大家就會乖乖了。

人渣黨的標語會是「選賢與能，不如以渣制渣」。

以上就是我個人推想的五類新政黨。你不妨想想，如果真有這些黨，你會支持哪一個？最反對的又是？至於他們會不會真的出現，會不會變大，會不會鬧場，會不會執政，關鍵還是在於當政者的智慧了。如果他有的話。

後語

這是篇涉及實務政治內容的諷刺文。在台灣的確有許多政治需求缺乏相對應的政黨，我只是指出其中的一小部分，相信你不難察覺其中有些的確會對某些族群有致命的吸引力。他們雖然還沒大到足以成事，但我認為問題若不解決，「他們」遲早會大到「足以壞事」。

當然，台灣已經沒有小黨的空間，這和媒體環境與選舉制度有關。但我們也不應困在政黨政治的範圍內來思考政治，如果小黨無法透過選舉生存，也可以透過其他的形式而存在。不再以黨，而是一種富有彈性的組織模式。太陽花學運之後產生的許多學社運團體都具有這種特色。

㈤擴散效應

太陽花的理念不見得會一直流衍下去，但「行為模式」會。學生的一些組織、行動與宣傳方式，很快速的被運用到其他的社會運動中，並且成功的產生的具體的效果。過去「公民社會」這個處於國家與人民之間的角色，在台灣是非常暗淡的，但或許在將來有不同以往的發展機會。

我們習稱政府為「國家機器」，但其實台灣社群才是另一部更大的機器，一旦開關被按下，誰也沒把握這座「移動城堡」會跑到哪邊去。這是我們可以一直觀察下去，甚至十幾二十年後還可以反思。

一、石虎公發爐

有人問我石虎和經濟發展的取決問題。過去對於這類「經濟開發」與「環境保護」爭議，我認為其中絕大多數是假議題。而石虎和三義發展的衝突，就是假議題。

什麼意思呢？什麼叫「假議題」？碰到開發案，就把經濟事務及環保事務分別獨立出來，當成兩個子題來評估，將兩者數據化後拉回來超級比一比。我認為這是非常蠢的作法。

實際上存在的只有「發展」，沒有發展經濟或發展環保的差別，硬去區分兩者，其實是要騙人，就是在製造一個假議題。環保所關切的主題，其實也是經濟裡面的主題（外部性）。人類社會一直在擴張，總是不斷的有各種發展、推進，你要思考的不是經濟、環保二選一，而是要不要有「這種發展」。

我們就拿三義石虎事件來看。三義要開外環道，為什麼？因為市區很塞啦，就一條主要道路啦，假日都是人車啦，所以要開外環道。可是開外環道會經過石虎棲地，石虎快掛光了，是保育類，所以又不能開了。

人渣文本

感覺好像兩件事撞在一起了哦？撞你個頭。

缺乏必要性

你要騙一般人就算了，想騙我這種苗栗人加上曾經亂搞過交通的？那你就傻了。

為什麼要開外環道？因為塞車。為什麼塞車？因為假日人潮多。外環道是要把通過車流導出三義市區，以免和市區的觀光消費車潮卡在一起。

那要從哪邊導到哪邊？由北往南，是從「銅鑼」導到「三義」南側。阿靠夭，那就走一高銅鑼交流道上去（在三義市區北方的銅鑼）到三義交流道（這在三義市區南方）下來就好啦。不然你新蓋那個銅鑼交流道是蓋爽的是不是？

而且外環道是要提供車流快速通過，假日是有什麼「在地車流」會想要從銅鑼市區出發，硬要經過三義市區去鯉魚潭的？去后里以南走高速公路就好呀！

你多蓋一條平行高速公路的山區外環道，是關公發爐指示你的？在市區開一條新路就算了，開在山區，搞一條像快速道路那樣的東西，你是嫌錢多嗎？

這是哪家交通規畫單位畫出來的？這規畫報告是哪一位大教授蓋章的？可不可以站出來說明一下「蓋這一條山區平行道路超有價值好棒棒」的數據是怎麼算出來的？銅鑼交流道通車後有重做過嗎？

類比

如果台北人聽不懂，我舉個大致類似的例子。假設從大直到中山北路往南進市區很塞，因為就一條主要道路（北安路）。市府說要開一條外環道路，從實踐大學後面繞山上，沿山坡平行北安路，走到圓山大飯店那邊接下來。只有實踐後面一個出入口，再來就是圓山那邊一個出入口。你要開這條要先繞上山，下來還要排個隊，等等等等，然後匯入中山北路。

蓋這條路幹嘛？你有病嗎？北安路很塞，不會過大直橋走市區嗎？需要大直山上有石虎我們才會反對這個建設計畫嗎？

你只要有人腦就會知道要反對啦！哪裡需要石虎呀！

講「經濟發展」可以，前提是要真的能發展好不好！！你不要拿個大便跟我講這叫經濟發展嘛！服貿不就是這樣的東西嗎？

劉政鴻已經搞了幾百次這種大便了。大埔案不就是嗎？講什麼不拆會阻礙經濟發展，發你個頭。最好大埔那個張藥房是會影響經濟啦！根本不會有一台狗屁貨車會在張藥房「右轉往北」走省道的好不好！！因！為！它！北！邊！就！有！路！啊！影響交通咧！劉政鴻你搞幾次了。

不要被「經濟發展和環境保護對立」的假議題騙了。這根本就沒什麼經濟發展、改善交通，除非是指發展特定人的「經濟」，改善都教授這種外星人的交通。苗栗早就有一堆這種開給鬼和外星人走的外環道。

石虎根本是莫名其妙被燒到。其實第一個被燒到的，是你我的稅金。為了成全劉政鴻這條通往極樂世界的大道，苗栗縣這種財政腦死的地方出不起，全是向中央政府乞討，也就是看文的各位都要出錢。總共多少你知道嗎？

五十二億。每位國民要出兩百多，你如果是一家四五口中唯一賺錢的，就等於你要出一千多。出一千讓劉政鴻好好「發展」，你願意嗎？你可以不喜歡石虎，但你應該不會討厭自己的錢吧？先冷靜的看看自己貧弱的錢包，好好想一想，別著了那些地方政客的道。

這沒有經濟與環保對立的鳥問題，因為根本就沒有經濟。

後語

幾乎所有的環保和經濟的對立，都是被刻意製造出來的社會議題，目的就是要護航或破壞特定開發案。有受過基本概念分析訓練的人，都可以看出這是一種透過概念錯置來吸引目光的手法。真正的環保與經濟都是科學，就算典範有點不同，但理論上應該是會整合在一起的。台灣對環境與經濟發展的評估流程，長久以來被對立的意識形態綁架，出來的結論往往科學不足，「神學」過量，這種狀況才是台灣發展的障礙。

而石虎案的手法更加粗劣，地方政府想用傳統老套帶過這個案子，但太陽花後民智已開，要玩這種「鄉村圍事」的手法，就要面對「都市圍事」的狠勁。這個案子被擋下來，要東山再起，應該是沒以前那麼容易了。

二、為什麼國民黨批林義雄會讓人特別火大

因為絕食反核四，林義雄又再次躍上媒體版面。當然，國民黨對他又有一番批判，包括過去因他絕食而推動的立委減半，其後果似乎並不太好。但這些攻擊不但無效，還引起反效果。

有網友問我：「雖然批評的內容一樣，為什麼國民黨批林義雄會特別讓人火大？」

言說者背景

這碰觸到一個倫理學議題：「不以人廢言」。在邏輯上，的確不該因人廢言，若是你因為消息來自一些八卦雜誌而選擇不信，那就犯了一種叫「起源謬誤」的錯。八卦雜誌多少有一些完全真確的訊息，你面對每一起八卦新聞都該小心求證。

但「不以人廢言」，在「為什麼國民黨批林義雄會特別讓人火大？」的問題裡，卻是全然另一個面向。國民黨在這邊並不只是一個消息來源，而是論證建構者，其背景脈絡就

會影響我們對文句的解讀。

我認為講話者的身分會對話語意義造成影響。當然，我和蘇貞昌說出「一加一等於二」，意義差別不大，但我和蘇貞昌同時說出「民進黨已經沒救了！」大家都知道差別在哪。

價值語詞

這是因為後面那句話包括了價值語詞，而價值語詞不會飄在空中，一定會連結回特定的言說者。價值語詞有倫理或美學兩類，這兩類評價都會和言說者的成長、生活背景脈絡有關。當一個民進黨人，或是一個民進黨舊部說：「林義雄不是永遠都對，他曾經有過錯誤的判斷，像是立委減半。」這會有其獨特的意義，也和國民黨人說出同樣話語時的意義大不相同。

有人會爭議這類對林義雄的批判是「對事實之描述」，不涉及價值語詞；但有沒有價值語詞，並不是由言說方來決定，而是由聽者。言者就算無心，聽者也會有意。像「黑人在NBA的得分數據表現整體而言優於白人」是事實描述，還是有價值判斷融入？想想為什麼黑人可以稱黑人為「nigger」，白人講同樣的話就該死。

人渣文本

當我們聽到國民黨或國民黨人批判林義雄的判斷不智或行為不義時，我們會將國民黨過去的老帳連結到言說者的身上，一併理解。這就會讓國民黨自認的「客觀事實描述」變得非常的不順眼。

我們會認定國民黨沒有資格講出這種話，這種「資格喪失」是來自於林義雄與國民黨政權長期互動的故事脈絡，也與國民黨在台灣的政治形象有關。

一些國民黨政權的外圍份子，像是唐湘龍，董智森，他們的發言，更讓人聯想國民黨並沒有理性分析的誠意，而是一種「假客觀」，其實際意向會透過這些外圍份子表述。就算國民黨想把他們推開，說他們是外人，但你平常受惠於這些人的宣傳，現在出事就想把他們推開，「聽者」是不會接受的。

我們理解世界時，是採用「統覺」，以融貫時空的方法來理解，所以總是在算老帳，牽東扯西。這才是人之所以為人的特質，我們的一生是連貫的。

國民黨及國民黨人若要抗議不公，都在背前人的老債，那就至少從現在開始好好做人，慢慢扭轉這種價值脈絡吧。當然，國民黨會改的話，就不會鬧到今天這種田地了。所以說，這是活該。

後語

林義雄講的不可能永遠是對的，甚至也正如歷史記錄所示，他還蠻常出錯的。但「指出」出錯，需要資格，而國民黨正巧缺乏這種資格。主動承認自己缺乏資格，實在很難看，所以他們還是硬著頭皮去指責林義雄，當然就是招來一頓公共知識界的「粗飽」了。

有時候就算你有資格，安靜一點，也能突顯出某種格調。但國民黨這些年來打得太亂太急，這種基本做人之道，早已扔在腦後不知多遠的地方。

三、為何不同情立法院

二〇一四年四月底，公投盟帶領的反核四團體包圍立院主要出入口，檢查所有出入者的證件，且不讓立委自由出入。這造成立委、備詢官員、立院職工、記者，與相關廠商的嚴重困擾與不滿。

公投盟此舉當然引起很多法律與道德面上的爭論。法律我不懂，就規範倫理學來講，這可不是一兩千字能解決的問題。雙方都有一些自認較對方崇高的價值根基（民主代議精神VS搶救台灣第一），我不認為其互辯的過程能得到足以說服對方的強力論述。就我個人直覺的判斷，其實公投盟此舉有點意義不明，要獲得完美的道德證成不太容易。另外一邊呢？天才太多，我想倫理學對這些天才沒啥意義。因此規範倫理學在此會當機。

內外之別

我這篇想談的是描述倫理學，從描述倫理學的角度，可以發現一些很妙的現象。在我個人的朋友圈中，立院相關從業人員對公投盟是罵翻天了，但立院以外的人，卻多在看好戲。他們要嘛認為這是立院「活該」，不然就是表示「知道了」的一聲「哦」，真正會幫立院講講話的人，好像都是鹿茸哥的支持者（包括現在不敢講自己支持的支持者）。

這樣的輿論力量差異，也直接施加回立院身上。蕭美琴出來抱怨兩句，就被鄉民電爆，只能第二天摸摸鼻子出來道歉。為什麼會這樣？蕭的抱怨有什麼錯嗎？其實仔細看看她的論述，也不能算有什麼太大的問題。你擋她，她唸你，還蠻自然的。她後來道歉的那篇還比較不自然。

那為何大家不同情立院？

類比

「同情」是很重要的道德啟動機制，我們經常因同情而展現道德行動。當他人受難時，我們會感同身受，並且產生出強大的道德動能。330會那麼多人，就和324幾十個被海扁的人有點關係。

同情機制的前提是「能夠類比」，才有辦法推己及人，當你覺得被打的是和你同一類的人，你就會「打在你身，痛在我心」。有些人同情心強，類比範圍大，連個雕像被爆頭，他都會覺得「好痛」，「不應該這樣對待雕像」。有些人同情範圍小，連隔壁老王被爆頭，他都不會有什麼感覺，「喔，隔壁有住人嗎？」當成是踩蟑螂噴汁一樣。

對於當前立院「受難大眾」的無視如此強烈，或許代表「他們」被排除在多數人的同情範圍中，也就是「非我族類」。他們被看成是蟑螂，所以只能獲得「喔」「活該」。

可他們都是人呀！有些還是正正當當普普通通的上班族哩。我認為另一種可能的解釋是大家認為「這是對他們的某種集體懲罰」。這是立院集體的業力引爆啦！可是立院大德到底有什麼道德上的「業」呢？

除了過去立法院超廢所帶來的印象分數外，太陽花在４１０退場，立院搞到四月底，卻什麼屁都沒搞出來。就像一位以前很廢的某甲，被某乙騎在頭上賞巴掌，因此發誓會好好重新做人，結果某乙離開後，某甲又開始耍廢。有多少人會同情某甲？沒再騎回他頭上去打臉，已經算不錯了咧。

和太陽花相比，立院實在廢到讓人懶得講，當然也懶得同情。請想想：

四月十日到四月底，立法院諸位大德做了什麼利益眾生的好事？

四月十日到四月底，立法院諸位大德又做了多少鳥事？

如果這兩個問題的答案明顯不平衡，那麼，真的，很難，同情，的啦。

後語

立院過去的形象太差，就算有些立委順應太陽花的訴求在那拚戰，也還是被罵，這不免讓人灰心。但話說回來，對於立院的具體貢獻，又有什麼評估的科學或客觀方法？現在能依賴的，頂多只有立委出缺席和發言資料而已，還是無法涉及立院在協商、折衝，以及選民服務部分的貢獻。這個問題似乎是無解的，立院諸公應該認知自己將永遠被罵的宿命，並從這種宿命中找到新的自我評價方式。

人渣文本

四、帶著小孩上戰場

把小孩帶到衝突現場的第一線，是反核佔領忠孝西路衝突之後熱議的倫理話題。我看了許多文章，很意外沒看到什麼健全的倫理學論證，大概是因為懂倫理學的人都沒跳下來戰，或根本就支持這樣的舉動。因為會討論這個議題的人，應該是以反對這種行為的人為主。

父權心態

我之所以說「沒看到什麼健全的倫理論證」，是因為受過倫理學訓練的討論者，一定會把這個問題牽連回「成年的定義」。那什麼是成年呢？我在前面以專文探討過，特別是集中在投票權的授予問題上，在這邊我要換個角度來切。我先提出一個多數人都看過也能理解（但不一定接受）的論述：

「在七十歲父母的眼中，四十歲的兒女仍是不懂事的孩子。」

相信這類論述大家都看過很多次了，不少人應該也有親身的體會。台灣的父母都傾向認為自己的孩子永遠不懂事，永遠需要他們在行動上的指引。即使他們已經超過成年標準很久，甚至兩倍了，他們仍是不懂吃什麼，不懂穿什麼，不懂如何規畫自己人生的幼稚個體。

有個專有名詞叫父權主義或父權心態，與此緊密相關。我們總是覺得比我們年紀小的人不懂，不會，需要指導，一定是被煽動。所以大學生上街頭，一定是不懂，一定是被煽動，而自己就絕對不是被國民黨煽動，自己一定是出於睿智。有腦的人可以輕易察覺並指出這種觀點有多可笑。

審視能力

但現實的法律規定，仍擬出一條成年線，過了這條線的人，可以擁有很多法定的權利與權力。前面提過，之所以有這條年齡線，完全是為了方便。過了十八或二十歲生日的那一天，一個人的人格特質不可能同步發生什麼轉變，突然長出什麼能力。

這條界線純然是為了節省成本：我們就不用舉辦「政治能力檢定」「結婚能力檢定」

「締約能力檢定」。因為光是考駕照等等考試就已經快把政府累垮了，而且考什麼，誰來出題，會產生更多的爭議。因此就算是滿二十歲，也可能不具備社會所期待的成年能力，相對來說，十三歲的人，也可能擁有足夠的公民睿智。在法律上因現實被迫切出來的一條線，在倫理學上就沒有太大的合理性。

那在倫理學上，我們應該如何看待這種帶小孩參加抗爭，甚至面對第一線衝突的行為？在暴力抗爭的衝突現場，我們可以發現有許多警民的智力甚至比幼稚園兒童的智力還低落，因此智力並不是他們該不該出現在現場的關鍵能力。我認為多數人會認為出現在暴力或可能暴力現場的關鍵能力，是「身體能力」，也就是身體產生暴力或對抗暴力的能力。

體力與智力

小孩當然沒有足夠的體力，有足夠體力的是父母。多數的父母應該會這樣認為：基於保護難度的問題，我可能不會帶小孩接近衝突現場，因為就算我可以拿根木棍就捅翻十個警察，我也沒辦法確定亂軍之中我可以夾帶一個小孩，並且確保他的人身健康。基於照顧者的倫理責任，我不會帶我小孩靠近這種現場。

但這種直覺的倫理判斷也會排除一些人：老人、身心障礙者。他們也難以保護自身的安全，難道他們就不能去現場抗爭嗎？坐輪椅吊點滴的就不能在第一線嗎？這似乎會排除他們的一些基本權力。

辯者會說，這些弱勢者有其理念，為捍衛其理念而站在第一線，是可以的。這樣又把「智力」這個要素拉進來。透過前面的討論，我們知道從這角度的論辯不會完全成功，又會再次把我們推向體力。所以體力、智力有其一，就可以衝第一線嗎？我相信有很多六歲小孩還是能進到這個範圍內。就算智力、體力「皆有」才能衝第一線，還是有六歲的小孩可能符合這種標準。

你標準太高，不只會排除小孩，也會排除一大堆原本有參加資格的人。你把標準降低，就會讓大多數的小孩都可以參與。重點並不是在於小孩（年齡），而是你所持的關鍵客觀標準是什麼。說不定你所持的標準只是「國民黨帶小孩抗爭是可以的，民進黨就不行。」不是嗎？我想大家都會承認確實有這種主張的人存在。持反對主張的，也大有其人。

在這個議題中有很強的倫理相對論傾向，這是因為抗爭場合本來就是意識形態的戰場，兩邊同樣覺得自己做啥都對。要讓自己大腦清醒，你必須隨時注意這個議題中的三個道德陷阱：

第一，成年的那條線，會一直暗示我們以此為準，但實際上這條線在倫理上的先天問題，讓所有由其出發的論述都不會成功。你的論述若是受到這暗示，就會是不穩定的。

第二，我們對於「公民」與「權力」的想像，會影響到我們對此事的判斷。所以重點並不是小孩，而是必須先確定公民和權力的定義為何。太過直覺的公民與權力的定義，都會讓這事的討論變成一團亂。

第三，基於「保護」心態出發的論證，都會有父權主義的陰影。你把小孩「保護」在家中，又會是正確的做法嗎？什麼叫保護呢？你又有什麼資格保護人呢？

那些什麼提案修法，打算禁止帶小孩抗爭的立委，他們的想法是否合理，是法學上的問題，我沒資格深論。但在倫理學上，他們大概也無法通過上述的檢證。太過直覺了。

在倫理學的世界裡，就算只有一對父母抱著一位小孩在現場，都可引發非常激烈的倫理「大會戰」。相對於帶著小孩上戰場，自認是公民的人，更應該帶著腦子上戰場，仔細檢視你的每一個道德直覺。

後語

本篇可與前面對於十八歲投票的討論相參照。對於這種年齡與能力的討論，其實都可能因為社會環境的轉變而產生社群共識的漂移。舉個反例，雖然越來越多人認為可以將投票年齡下修，但也有越來越多的人認為，不應該太早結婚。這些想法的轉變都會促成法律的變動。

因為太陽花帶來的公共對話機制，我們終於可以開始討論一些過去被忽略的倫理議題，我認為這是太陽花的一個主要貢獻。倫理學其實是沒有標準答案的，只有到目前為止，大家比較能接受的答案。只有溝通辯證才能推動這個答案往前走。

五、合乎道德標準的暴力

在這篇中，我會同時探討林義雄禁食、蔡正元用車頂人、快閃阻路、毆打警察等幾個主要的抗爭道德問題。為了讓你早點決定要不要看這篇文，我先把結論寫在前頭：「我認為」林義雄禁食是道德上正確的，蔡正元用車頂人是道德上錯誤的，快閃阻路是道德上正確的，而警民衝突的狀況則各有不同，也許警方錯得多，民眾錯得少。

我很少在文章中直接指明我的道德判斷，以下我會一步步談這些結論怎麼推出來。為了讓閱讀有效率，你要先接受以下三個前提：

第一，我們社會存在著互競的道德觀，沒有必然的勝利者。每個社群都有自己的道德價值體系。台灣的各種社群，或許在道德上會有一些共識，但某些社群在大多數議題上的主張可能是互斥的。激進學運團體與馬英九統治集團之間，我一時也想不出他們在道德上會有什麼實質共識。在這樣的狀況下，我們難以在倫理學討論中得到某種能說服「所有台灣人」的標準答案。我們頂多只能說服自己的社群，或

人渣文本

相似的社群。像你屬於農會社群，要在道德上說服水利會或漁會，其可能性通常較高，但對竹科的工程師社群，或許就比較難搞定。

你必須先接受這個前提，才有辦法討論下去。如果你還妄想能找到壓服全台灣人的真理，你會看不懂以下我的立論。因為我將會表述我的個人立場，如果你和我不屬於同一個社群，你很可能無法接受我的任何一個結論。

第二，正確的行為有兩個特性：讓自己獲得內在善，並協助社群追求卓越。

我用的是麥金泰的德行倫理學架構。麥金泰認為價值有兩種，一種外在於人類活動，是可量化的價值，這些是「錢」與「錢可以買到的東西」，他稱之為「外在善」。另一種價值內在於人類活動，不可量化，必須親自投入該活動才能體會，這是「內在善」，通常就是榮耀感、成就感、使命感、滿足感，與幸福感。對比於外在善，內在善就是錢無法買到的東西。

當一個行為者具備德行（良好的個人習慣），在活動中努力追求前人所留下來的卓越標準時，就算沒達成目標，也可獲得內在於活動中的善。如同你參加系際杯籃球比賽，只要努力付出，有品打球，就算沒獲得冠軍，也會感受到打球的樂趣。

如果眾人都在各類社會活動中追求卓越標準，並獲得內在善，那麼其所屬的社群就能被推動往繁盛、卓越發展。這種卓越不只是數字上的成就，而是一種文化層面的提升，是內外在善的同步擴張。而努力在所有活動中獲取內在善的人，也將發現自己的一生是幸福的。是以道德上正確的行動會有兩個特徵，首先，行為者能在活動中獲得內在善，其次，這種行動能讓整體社群邁向卓越。如讓座給老弱婦孺，你自己也會有溫暖的感受（內在善），你也知道這種行為能讓社群整體邁向卓越。

第三，確實存在一些合於道德標準的暴力。許多沒修過倫理學或社會科學課程的人，一聽到暴力，就認定其必然是錯的。但的確有很多暴力是道德中性或正面的。

警察壓制搶匪的暴力，就常被多數人認為是正面的暴力行為。多數人也肯定軍人對入侵敵軍開火的行動。一般個人在自衛時所展現的暴力舉動，只要合理（法律上稱比例原則），也會被視為是道德上正面的或中性的。

這種合於道德的暴力，通常也會是合法暴力，但有時某些合法暴力仍然被部分社群視為不道德。像執行死刑，就被廢死團體認為是不道德的。某些警方所主張的合法暴力，比如說用水車，也不被社運份子所接受。

瞭解這三前提，才能看到我打算探究的這些實際道德情境。如果把「暴力」的定義擴張，指所有具傷害特質的人類活動，那本文要探討的實例，其實都算是某種暴力。林義雄的禁食，是施加在自己身上的暴力。蔡正元座車頂人，這是蠻直接的暴力。快閃阻路，是施加在不特定對象身上的暴力。毆打警察或警察打人或水車噴人等等，則是亂成一團，有如群架的暴力。

禁食

該怎麼分析這些行動？我打算運用前面提到的兩種標準：行為者是否獲得內在善？此舉是否能讓社群走向卓越？

面對林義雄禁食，我認為分析的重點將落在：他能透過這個禁食抗議的活動，獲得內在善這種錢買不到的價值，也不該被錢買到的價值嗎？他的行動能幫助社群追求卓越嗎？我不完全支持他的全面廢核主張，我只主張廢核四。不過透過對他相關主張的瞭解與理解，我能體會他行動中的內在價值，也可看出他企圖透過這種行動以協助社群追求卓越。

他禁食行動的內在善是一種「使命感」，這讓他得以面對、處理身心的巨大痛苦（外在善）。他的行動也驅使社會再次反思核四存在的必要性，而我認為當個人行動能喚醒多數人的關切意識（不論是否認同）時，就算有反對者，只要能建構出一個論辯的環境，那就是幫助社群走向卓越。

反對其禁食行為的道德推論，必須證明這種行為無法獲得內在善，也無法協助社群追求卓越，但我目前還看不到有任何成功的論述。反對者多半強調他會死（肉體死亡與外在善相關），或強調核四的利益（還是外在善），都無法觸及內在善與卓越的層次。整個 low 了。

他的禁食在道德上是正確的，他不是無理取鬧趴在牆邊自殺的小癟三。他的行動因此能帶動許多人全力支援他的理念。換了一個人，換了一個背景脈絡，就不見得會有這麼強的影響力。

座車頂人

蔡正元的座車頂人呢？他或許可以從中獲得一些「錢買不到的價值」，比如說突破暴民包圍網的滿足感，但這種做法和追求社群卓越的關係實在很薄弱。說穿了，他只是想脫困而已，沒有什麼崇高的理念，更別談追求整體社群的卓越。

相對於反核人士施加於其身上的暴力，他所反擊的自衛暴力，確實是有點超過。這就是他很難說服社會大眾的原因，這種行為明顯是錯的，要替他這種行為建立一個有關內在善與卓越的論證，非常困難。

快閃阻路

因為「懂」的人，知道自己正進入溝通對話的情境，他們「知道」對方正努力追求某種卓越；雖然自己不見得認同這種價值觀，但能體諒這種追求，所以默默離開。為什麼？下班回家，準時和晚半小時，只是時間差（屬「外在善」），通常不會和內在善有什麼關係。當某些人造成我外在善的些微損失，而我又理解他們是為了追求某些內在善和卓越時，我們多數會選擇尊重與體諒。因為我們損失的只是一點「錢」，而他們是在追求「對」。當「錢」與「對」發生衝撞，我們的道德原則通常會促使我們選擇後者。

請想像一群熱愛棒球的小學生打出全壘打，球卻飛來打裂你家的兩片壁磚。你又發現門外有個害怕的小孩按門鈴說打算討回球，並賠償損失。你會追究嗎？你若能「懂」他們對棒球的熱情，加上的牆損失不嚴重，你或許只會笑笑說算了。只要能「懂」，內在善的威力遠比外在善強大。

反對這種快閃行為的人，若要進行成功的批判，他們可以建立一種論述，指出這種行為無法幫助社群追求卓越。但就我現在看到批判這種做法的人，其論點多數還是執著在「造成大家的不方便」，這還是外在善，同樣無法對抗內在善與卓越層級的論述。我知道有些反對者會很不滿，認為我藐視他們的價值觀，而在他們眼中這種快閃行為就是不文明，不卓越。

我舉兩個例子就好，甲社會的「政府無法處理這種快閃問題，抗議民眾與受害民眾發生激烈衝突」，乙社會的「政府能有效控制這種快閃所帶來的影響，抗議民眾的意見能得到闡述，而受害民眾能快速理解狀況並改道而行減少損失。」你認為哪個社會比較卓越？這種卓越是透過快閃行動刺激出來的嗎？

人渣文本

警民衝突

再來是各種警民之間的衝突，因為狀況實在太多元，我無法一一討論。但我認為問題一樣可以簡化為：不論是警，是民，是水車駕駛，他們是否透過這行為獲得了內在善？此舉是否能讓社群追求卓越？

這很難找到標準答案，要一一探問每個人在每種狀況中的答案，也不太容易，不如反過來從總體的角度來看。那怎麼從總體來看呢？當事人的態度相對關鍵。

雖然社運份子一再表達努力無效，意志沮喪，但你觀察現場衝組，其實他們是越戰越勇，能打、會打的越來越多，撐的時間越來越長。另一邊的警察卻越來越倦怠，許多人還到了精神肉體的生死極限。為什麼？

我認為社運份子從活動中獲得大量的內在善，所以就算缺乏外在善（沒有具體成果），但他們一口氣越撐越長。而警察除了錢以外（據說好像連錢都沒下來），並沒有太多內在動力。一邊自認是做對的事，是在追求卓越，另一邊只覺得是反覆操作煩悶的勞務。

嘴巴說一堆理由，身心卻是很誠實的。誰對誰錯，答案會慢慢變得明顯，就讓我們繼續看下去。

後語

暴力問題相當複雜，用一本書的長度也談不完，於此只分析數種太陽花之後較受到注意的形式。我是以德行倫理學的角度來替每一種狀況進行道德評價，而其他的倫理學流派可能有不同的看法。我尊重這些不同的意見，當然，我也有自信駁倒與我不同的意見。如果他們願意開口的話。

結語、政治不難

政治不難理解。我在本書中示範如何只運用非常少的工具，就能對政治現象做大規模的切割，這代表你也不需要學會太多，只要擁有一把好刀，什麼政治現象都能處理。

我打算讓你透過閱讀的過程慢慢掌握住自己手中的刀。你不用像學者般高來高去，滿口專有名詞，你也不須學我俗言粗口，酸人為樂，你只需要做好你自己，用自己的風格去理解政治，說明政治，推敲政治。

另外，政治本來就是相對視角，我不打算討好所有人，所以難免言詞鋒利，出口傷人。學界與輿論對我有甚多批評，您可能也不盡認同我的看法，但我書中的這些觀點，除了前後獲得數十萬網友的肯定，更獲得一些仍在政治圈的老長官、舊戰友的按讚力挺。

前者的支持，讓媒體與出版界願意投資我的創作，而後者的認同，則是我持續寫作政治議題的主要動力。能讓一般人和專業人士都能接受我的看法，進而把這兩個世界串接起來，是我寫作的最初目標。

政治不難理解，政治是難在親手操作上。我希望讀者朋友不只是看，不只是罵，而是能進入深層分析與親手參與的階段。我在撰寫這些文章的同時，也與政治圈、學運圈有許多實體接觸。我會去第一線瞭解狀況，也會到高層聽聽八卦。

這些資訊都出現在本書裡頭，但我會稍加處理，偽裝到完全看不出來源。除非你受過學術訓練，否則你可能不會注意到這些關鍵資訊，而誤以我完全不出門，是在電腦前空想，就完成這本書的文字內容。那是絕不可能的，政治一定要站到實境裡頭去，在封鎖線前三步來思考。

因為本書取材時段剛好跳過了大選期間，所以這本書並未有太多的篇幅談選舉，我認為這非常可惜。選舉現在雖然改成兩年一度，但台灣的民主政治過去一直是以選舉為重頭戲。有機會的話，我們再把選舉的故事看完吧。

後記

文稿完成時，正好二〇一四年台北市長選舉的白熱化階段，香港也在同一時間爆發佔中運動。這些政治活動的未來，在我完稿之時仍難有定論，謹以此二篇章淺論我的相關看法。

一場選舉，三種自私

二〇一四年的台北市長選舉，失言、失策非常之多。除了參與者全是沒有選舉經驗的素人，我認為這些候選人的品格特質，也是蠢事連發的關鍵之一。就倫理學角度，這三位主要候選人，分別代表一種自私的形式。

柯文哲總是不斷失言，先是過度自傲的「我最聰明」宣言，近來又是一連串歧視女性的無聊男子態度，終於引發眾怒。他會道歉，但理由卻是「他人誤解」，或是推給醫學業

人渣文本

界的常言俗語。多數人認為這種道歉不夠真心，但他還是堅持自身的醫學知識無敵，其他人文知識領域彷彿都是屁。

他的言行得罪女性是一回事，這會反應在他的選票上。但有個道德問題更為嚴重，對他的傷害更大：其不斷失言，實際上是背叛了自己的團隊。怎麼說呢？

他以為自己最懂。這是「我」的風格，「我」為什麼要改？但選舉可不是你自己一個人的事。你的團隊欣賞你，押了身家跑來幫你助選，結果你堅持自己不知從何而來的狗屁性別知識，讓票跑掉，害大家的努力付諸東流。

你跳出來選，就不只是為自己的人生負責，你還要為這個團隊每個成員負責，當選後更要對市民負責。你要有所犧牲，不再能過學院內「知識大仔」的柯P式爽日子。如果你堅持要過老日子，不肯改變，這就是自私。

這是我們透過台北市長選舉看到的第一種自私，來自於「知識的自負」。

連勝文的一系列失言、舉止失當，則是來自於其凱子的世界觀。內湖沒市場，社子島是島，山豬窟「臭ㄇㄇ」，搭保姆車去轉捷運。為什麼他會這麼無知？一個市長候選人，再怎麼有錢，也該先低調的認識台北吧？這種功課為什麼不做？

他不是不做功課，就算人家和他講實際狀況了，他也不當一回事，因為他根本不把市民的台北放在眼裡。內湖有市場又怎樣？社子島不是島又怎樣？山豬窟香噴噴又怎樣？「我」還是一樣有成就，一樣「白手起家」，「辛苦創業，心安理得」。

「我」啥都不知道，還是一樣有錢，那幹嘛要知道？他只肯活在自己那個有錢人的世界，和大家開不同的車上班，和大家吃不同的東西，和大家住不同的房子，他的生命和常人「錯開了」。「不同」，那又怎樣？

如果他懂得關懷別人，或許能夠突破自我生活的邊界，主動來到尋常百姓的生活空間，但他並沒有先這樣做。他是參選之後才貿然闖進了兩百多萬市民居住的「神奇世界」。

不是只有你那票哥們才是「人」，不是只有你老婆親戚那些資本家才是「人」。窮人也是人，沒薪水就無法生活的人也是人，在台北捷運裡頭坐著站著的都是人。他們都是市民，和你相比，他們都很窮，不可能活在你的那個世界。

市長是為公眾付出的角色，如果堅持自己心中的凱子北市地圖才是真實存在的地理空間，那上台之後，當然也只會為「凱子人」來服務。如果覺得沒必要改變，不好好用功瞭解真實的台北，堅持想著「反正我還是一樣有錢」，「大家還是會投我」，這就是自私。

這是我們透過台北市長選舉所看到的第二種自私，來自於「財富的自大」。

馮光遠認為自己是良知力量，雖然當選機會不高，但是參選本身就有意義。這是種義務論的立場，參選是種「手段」，這手段的價值極高，但「結果」並不足惜，就算泛綠陣營因為他的吸票而弱化、挫敗，這也是場神聖之旅。

當這類義務論者堅持的行動產生非常嚴重的負面後果時，他們反而會自我催眠，把這種全面崩壞的結局當作一種宗教式的「犧牲獻祭」，是自我道德完美的證明。這種心態又稱為「道德的自我沉迷」。

如果柯文哲在政治光譜上和馮較為接近，在馮的全力吸票之下，可能會讓柯落選，造成政治局勢往他更不希望的方向發展。他真的不在乎這種結果嗎？

馬扁相爭的那屆市長選舉，王建煊也是堅持理念，參選到底。雖然沒影響到選舉結果，但依他之後十幾年來的言行，也充份證明他是個「道德自我沉迷」的經典範例。他非常自爽，但大家相當不爽。

馮光遠不願透過初選機制讓民意篩選，也不想管大選結果，只強調其參選手段的崇高性。他想告訴台北市民什麼？為什麼這對市民很重要？之後市民會記得他的訴求嗎？王建煊當年的訴求又還有誰記得？如果只想留下一個崇高的道德形象，卻沒考量為了塑造這種形象可能付出的集體成本，這種想法不就是自私？

這是我們透過台北市長選舉看到的第三種自私，來自於「道德的自傲」。

一場選舉，三種自私的對抗。選民們應該如何取決？為什麼只有「不良品」可以選？這是台北人的宿命嗎？

別這麼悲觀。這個世界本來就沒有聖人，這也不是台灣美德大賽，而是台北市長選舉。除去了他們的道德偽裝，真正的選擇才能開始。

後語

江山易改，本性難移。這三位候選人的脫序表現，在某種程度上會受到社會輿論的制約，我們可以透過這種「亂講話」、「被罵」、「修正」、「又再次亂講話」、「再修正」……的過程，看到其中的「變」與「不變」。

我們總期待有「賢與能」可以直接給我們選，卻沒考量到所有的賢與能都不是天生的，而是要經過一再的錯誤與修正，才能走向提升之路。過去漂漂亮亮的政治人物，都是在黑暗之中慢慢磨出來，而素人參政，雖然政治脈絡負擔較輕，卻也必須在選舉場中「繳學費」，看來就沒那麼光彩。

政治一點都不浪漫，現實得很，該來的還是會來，該學的還是要學。

別拿統獨註解佔中

因為缺乏能在各方居中協調的人物，也沒有王金平一般的老精怪能出來搞個下台階，被稱為「雨傘革命」佔中行動，看來無法善了，後續效應大概會持續數年。不過，這數萬港人齊心一志的浩闊行動，在台灣倒是有個意外的影響，就是凸顯部分台灣人在統獨意識形態上的價值錯亂。

先來看到那些尷尬的統派。某些統派老是唬爛中共的富強，少數人更支持一國兩制，鼓吹這是台灣的唯一出路。可是香港的一國兩制已漸漸當機，本來台灣人還不清楚這事，但佔中的警民衝突一鬧大，各類解說文、懶人包紛紛出籠，全宇宙都知道一國兩制被北京搞掛了。

而過氣政客們「不幸」又在佔中前兩天跑去讓習近平「呼呼」，將原有的「一中各表」倒退回鄧小平的「一國兩制」。這下麻煩了，真是好死不死，兩事湊成一件，台灣人也覺得自己被催淚彈射到了。這些統派於是低頭、閉嘴、裝死，想拉著媒體一起低調，但媒體又全被鄉民逼得大鳴大放。

妙就妙在有些獨派也和上列統派一樣尷尬。在香港開始罷課之際，還可看到這些獨派放話，要大家別管香港，台灣還有許多該關切的事，別被「中國人」轉移焦點。說不定連「佔中」都是中國人的陰謀！這是要讓台灣人再次涉入中國事務，這樣他們就更有理由統一了。

有些獨派則強調香港人沒有民主，是他們九七之前不肯爭取，現在是「活該」。另一些比較自掃門前雪的，則認為佔中是中國家事，台灣人不該干涉他國內政。總而言之，獨派必須認清自身定位，劃清界線，別被中國人（香港人）牽著鼻子走，讓「華人」情愫模糊了「台灣人」的明確定義。

這類獨派說法開始時還頗得共鳴，但隨著佔中衝突快速升高，煙霧之下的港人鬥志十足，加上港府顢頇不動，多數台灣人彷彿有種太陽花的「既視感」，因此開始大力支持。

說穿了，多看幾篇文章和新聞，哪裡會礙到台灣的社會運動？在槍口前的節骨眼說什麼「活該」、「中國人的家事」，就算沒有惡意，也是白目之舉。這些放話的獨派糗大了，開始慢慢淡出這「外國事務」。

不妨再換個角度，看看出來挺佔中的統派。這些統派企求一個民主的大中國，這想法雖然來自國民黨過去數十年來的洗腦教育，但今日仍然「浪漫」。香港人也是中國人，他們在爭民主呢！我們中華民國不是民主的堡壘、自由的燈塔嗎？當然要挺，要「撐」香港人了。

而部份獨派因從事社運而與香港異議份子多有交流，建立不錯的友誼關係，對於人權民主等各類議題，兩造意見也基本契合，因此當香港有難，他們當然大力率先聲援。這代表某些統派和獨派居然站在一起了，有哪邊出「錯」了嗎？

「統派」和「獨派」當然可以在其他議題站在一起，追求共同的目標，這一點都不奇怪。奇怪的是那些認定「你統我獨」，就要堅壁清野，一刀兩斷的想法。

就倫理學來看，只以統獨來定義台灣人「應該」做的事，太過偏狹。每位公民都是懷抱多重價值偏好的理性人，統獨只是價值目標之一，也不是必然的最高價值，我們有太多價值可以排在人生的第一順位，也可依自己的喜好為各類價值排序。當我們碰到排序比統獨更前的價值，如自由、人權、民主，或是政治以外的健康、知識、運動、嗜好，我們當然可以重新定義自我所屬的社群，而把統獨往後扔。

用統獨當道德量尺，啥都硬牽絲到藍綠，其實非常無聊。若還不能參透，就看看下面這些話：「我是熱愛馬拉松的獨派。」「我是支持兄弟隊的統派。」「我們要搞科學台獨。」「台灣是中國的一部份，所以我支持香港佔中。」總有些怪怪的感覺。

而「我是馬拉松愛好者。」「當然支持兄弟隊了。」「這是科學，我不會妥協。」「我支持民主普選理念，所以支持香港的佔中運動。」才比較像人話。

所以，別談什麼都把統獨拉進來，好像不談統獨，理論就會不成立，預測就會失準，台灣明天就會沉沒一樣。價值多元正是台灣可貴之處，你覺得重要的事，永遠都有許多人覺得不重要。做一個台灣人，該試著去理解與尊重，而不是強迫大家接受你的那把尺。

後語

講到外地政治，我們無可避免會用本土模型來對其進行解釋。台灣政治談什麼都用統獨光譜，連外地狀況也習慣「類比」一番，總是要弄個「泰國的親民黨」、「韓國的獨派」、「烏克蘭的馬英九」之類的詞，才能讓大家進入狀況。

香港的狀況比較特殊，它雖是「外地」，卻沒有與台灣的政治完全斷鏈，因此這種「類比」很可能會轉變成實際的政治關係思考。台灣的確能對香港政治產生影響，這也是陳為廷不能入境香港的原因。

因此我們在考量香港政治時就必須特別小心。過分「異己」（大致上就是「獨」）或「融入」（所謂的「統」）的觀點，可能都無法呈現出事件的大致樣貌。

你的確可以擁有自身版本的「佔中」詮釋學，但若是要拿出來與其他台灣人溝通，或是與香港人溝通，你的「版本」就需要有更大的價值說服力。

人渣文本的政治倫理學

作者　周偉航
發行人　王春申
編輯指導　林明昌
營業部兼任編輯部經理　高　珊
責任編輯　王窈姿
美術設計　黃宏穎
校對　趙蓓芬
印務　陳基榮
出版發行　臺灣商務印書館股份有限公司
地址　23150 新北市新店區復興路43號8樓
電話　(02) 8667-3712　傳真：(02) 8667-3709
讀者服務專線　0800056196
郵撥　0000165-1
E-mail　ecptw@cptw.com.tw
網路書店網址　www.cptw.com.tw
網路書店臉書　facebook.com.tw/ecptwdoing
臉書　facebook.com.tw/ecptw
部落格　blog.yam.com/ecptw

局版北市業字第 993 號
初版一刷：2014 年 11 月
初版二刷：2016 年 09 月
定價：新台幣 320 元

ISBN 978-957-05-2970-8

人渣文本的政治倫理學
周偉航著.
初版一刷. -- 臺北市：臺灣商務出版發行
2014.11
面； 公分. --
ISBN 978-957-05-2970-8

573.07
103019457

攝影師：黃靜嫻 Sharon Huang

年輕人
要活路

服貿救台